O Ponto de Partida da Felicidade

Ryuho Okawa

O Ponto de Partida da Felicidade

Um guia prático e intuitivo para a descoberta do amor, da sabedoria e da fé

Editora Cultrix
SÃO PAULO

Título original: *Kofuku-no-Genten*.
Copyright © 2000 Ryuho Okawa.
Publicado originalmente como *Kofuku-no-Genten* por IRH Press Co., Ltd. em 2000.
Tradução © 2006 Kofuku-no-Kagaku, Ciência da Felicidade.
Todos os direitos reservados. Nenhuma parte deste livro pode ser reproduzida ou usada de qualquer forma ou por qualquer meio, eletrônico ou mecânico, inclusive fotocópias, gravações ou sistema de armazenamento em banco de dados, sem permissão por escrito, exceto nos casos de trechos curtos citados em resenhas críticas ou artigos de revistas.

A Editora Pensamento-Cultrix Ltda. não se responsabiliza por eventuais mudanças ocorridas nos endereços convencionais ou eletrônicos citados neste livro.

Dados Internacionais de Catalogação na Publicação (CIP)
(Câmara Brasileira do Livro, SP, Brasil)

Okawa, Ryuho, 1956- .
O ponto de partida da felicidade : um guia prático e intuitivo para a descoberta do amor, da sabedoria e da fé / Ryuho Okawa ; [tradução Kofuku-no-Kagaku]. -- São Paulo : Cultrix, 2006.

Título original: Kofuku-no-Genten.
ISBN 85-316-0925-9

1. Conduta de vida 2. Felicidade 3. Vida espiritual I. Título.

06-0731   CDD-291.4

Índices para catálogo sistemático:
1. Felicidade : Prática religiosa 291.4

O primeiro número à esquerda indica a edição, ou reedição, desta obra. A primeira dezena à direita indica o ano em que esta edição, ou reedição, foi publicada.

Edição   Ano
4-5-6-7-8-9-10-11   10-11-12-13-14-15

Direitos de tradução para a língua portuguesa
adquiridos com exclusividade pela
EDITORA PENSAMENTO-CULTRIX LTDA.
Rua Dr. Mário Vicente, 368 — 04270-000 — São Paulo, SP
Fone: 2066-9000 — Fax: 2066-9008
E-mail: pensamento@cultrix.com.br
http://www.pensamento-cultrix.com.br
que se reserva a propriedade literária desta tradução.
Foi feito o depósito legal.

Impressão e Acabamento
Cometa Grafica e Editora
Tel- 11-2062 8999
www.cometagrafica.com.br

Sumário

Introdução 9

Capítulo 1: O ponto de partida da felicidade 11
1. O início da sua vida na Terra 11
2. Descobrindo o seu verdadeiro valor 13
3. O ovo de Colombo 13
4. Aprimorando a alma 15
5. Em primeiro lugar, o amor que dá 17
6. O ponto de partida da felicidade 19

Capítulo 2: Sobre o amor que dá 20
1. Começando sem nada 20
2. A alegria da descoberta 23
3. Refletindo sobre si mesmo 25
4. Mudando de perspectiva 27
5. Encontrando luz nas trevas 30
6. O mundo em que o pensamento é tudo 33
7. Descobrindo uma nova perspectiva 35
8. Busca do correto coração (mente) 38

9. O divisor de águas na vida 41
10. Rumo ao amor que nada pede em troca 45
11. Qual é o ponto de partida da felicidade? 49

**Capítulo 3: Empreender a viagem que
levará a felicidade a toda a humanidade** 50

1. A descoberta de um grande amor 50
2. O avanço da luz 52
3. Continue avançando, nunca retroceda 53
4. Hora de transcender a barreira entre o eu e
   os outros 55
5. Sete declarações pela felicidade 57

Capítulo 4: O ponto de partida da fé 59

1. Um encontro com Deus 59
2. Seja puro de coração 62
3. Combatendo o desejo de autopromoção 64
4. Complexo de inferioridade e amor 67
5. O ponto de partida da fé 69

Capítulo 5: Na primavera 71

1. A estação da paciência 71
2. A torrente da força vital 74
3. A comprovação da sabedoria infinita 77

SUMÁRIO

Capítulo 6: A natureza da coragem 80
1. O que é coragem? 80
2. Compaixão e coragem 82
3. Liderança 85
4. A capacidade de tomar decisões 86
5. A importância da coragem 89

Capítulo 7: Viver uma vida positiva 92
1. O espírito pioneiro 92
2. O pensamento vencedor – vencer em qualquer
   situação 94
3. Uma atitude positiva 96
4. O efeito bola de neve 100
5. Tempo de alçar voo rumo à infinitude 102

Capítulo 8: A vontade do grande Universo 105
1. A galáxia e os seres humanos 105
2. A verdade sobre o mundo tridimensional na
   Terra 107
3. Livre-se da vaidade 109
4. Começando sem nada, de mãos vazias 112
5. A vontade do grande Universo 115

Kofuku-no-Kagaku, Ciência da Felicidade 117

Introdução

É um grande prazer ter a oportunidade de publicar *O Ponto de Partida da Felicidade*, livro no qual apresento os meios pelos quais os seres humanos podem mudar, focalizando o conceito de felicidade. O livro abrange uma ampla série de tópicos, porém a ideia mais importante que desejo transmitir é a de que a felicidade não é algo que se obtém ou se cobra dos outros; ela surge naturalmente quando você está decidido a trazer a felicidade para si e a levá-la ao maior número de pessoas possível.

Esta ideia básica se explica de vários modos, como o "amor que dá", a "mudança de perspectiva" e a "busca do correto coração". O presente trabalho contém fragmentos da minha filosofia essencial. Você os encontrará em todos os capítulos.

O capítulo 1 foi publicado, originalmente, como folheto do mesmo título, utilizado no curso básico da Happy Science, fundada em 1986. O capítulo 2, "Sobre o amor que dá", surgiu inicialmente como uma palestra baseada no folheto. Os capítulos de 3 a 8 foram publicados na revista mensal da Happy Science.

Eu compilei esses textos a fim de publicá-los em forma de livro, pois desejo compartilhar minhas ideias com as pessoas que ainda não as conhecem. Estou seguro de que cada capítulo pode chegar às dimensões de um livro. Para muitos leitores, estes breves capítulos, que sintetizam temas de significado profundo, servirão de introdução à minha doutrina da Verdade.

Estou convencido de que este livro, que contém os princípios fundamentais em que se alicerça a Happy Science, assim como importantes sementes do meu pensamento, inspirará muitos leitores. Embora ele se destine aos recém-chegados, se você o ler e reler com cuidado, por certo atingirá um nível muito mais elevado de compreensão da Verdade. Espero sinceramente que, com esta introdução à Happy Science, muitos leitores avancem mais um passo, ingressando no nosso grupo, para empreender um estudo mais profundo da Verdade.

Ryuho Okawa
Presidente
Kofuku-no-Kagaku, Happy Science

1: O ponto de partida da felicidade

1. O início da sua vida na Terra

É possível que, às vezes, você seja tomado de um medo indescritível e deseje fugir da realidade. Entretanto, é justamente essa a ocasião para ficar onde está e olhar para trás a fim de verificar como a sua vida principiou neste mundo terreno.

Você começou sem nada. Pode ter nascido rico ou pobre, mas isso não fazia a menor diferença para você quando era bebê e sorria com inocência no berço. Naquele corpinho minúsculo, com cerca de três quilos e meio, uma pequena vida dormitava serenamente, mas com a forte determinação de disputar a corrida da existência. Até crescer e chegar à idade adulta, você recebeu muita atenção e deu pouquíssimo em troca para os demais.

Pode ser que tenha vivenciado o seu primeiro revés ainda em plena infância, ao comparar a sua situação com a dos outros. Algumas pessoas começam cedo a se queixar e tornam-se ressentidas. É o modo de ser excluído já na primeira volta da corrida da vida. Esquecendo-se de que iniciou a existência sem nada e tomando, equivocadamente, este mundo terreno por uma morada permanente, algumas pessoas começam a comparar o que lhes foi dado com o que têm os seus amigos. Em consequência, sentem que receberam menos do que os outros e ficam descontentes. Um garoto pode ter inveja do amigo que, por ser filho de um médico abastado, sempre tem muito dinheiro e veste roupas caras. Uma menina talvez fique ressentida porque seus pais passam o dia trabalhando e não têm muito tempo para ela.

Não obstante, todos começaram sem nada. Em outras palavras, nós não trazemos nada conosco para esta vida. Começando sem nada, é muito o que recebemos na infância: roupas, alimento, um lar, mesada, instrução, professores, amigos, material escolar, televisores, rádios, aparelhos de som e, acima de tudo, esperança no futuro. Mesmo tendo recebido tanto depois de começar sem nada, nós formamos uma autoimagem muito carente.

Se refletir profundamente, você vai constatar que, mesmo tendo crescido e chegado à idade adulta, a causa principal da sua ansiedade continua sendo a comparação com os outros. A raiz do seu sofrimento está na infância, na época em que, tendo esquecido o ponto de partida da sua vida terrena, você começou a se comparar com as pessoas com quem convivia.

O budismo ensina o quanto é importante saber estar satisfeito. Sem a percepção de que todos os indivíduos começam sem nada e têm uma vida própria, impossível de comparar com a de qualquer outra pessoa, você não compreenderá esta verdade.

2. Descobrindo o seu verdadeiro valor

Não podemos ser eternas crianças a comparar a nossa situação com a dos demais. Cada um de nós passa por muitas experiências diferentes, conhece muitas pessoas diferentes e se depara com muitas ideias diferentes. Então, em certo ponto da vida, ocorre o encontro com a verdade religiosa. Esse encontro proporciona o grande prazer da descoberta. O verdadeiro valor da pessoa não está na quantidade de riqueza material que lhe foi outorgada nem no prestígio que ela angariou aos olhos das outras. O seu verdadeiro valor reside na qualidade e na profundidade da Verdade, na força da luz que ela conseguir alcançar durante a existência na Terra. O despertar para essa verdade transformará por completo a sua visão da vida que a cerca. Ela compreenderá que, quanto mais natureza divina descobrir em si mesma, tanto mais poderá se elevar espiritualmente.

3. O ovo de Colombo

Talvez você conheça a história do ovo de Colombo. Num banquete em homenagem à sua descoberta de um novo continente, alguns criticaram o navegador, dizendo que qualquer um podia ter descoberto aquelas terras. Diante disso, Colombo pegou um ovo e desafiou os presentes a colocarem o ovo em pé na mesa. Todos tentaram, mas ninguém conseguiu. Quando chegou sua vez, ele simplesmente achatou uma das extremidades do ovo e o colocou na posição vertical. Essa história mostra o quanto é difícil fazer o que quer que seja pela primeira vez, por mais que ela pareça fácil para os que vêm depois.

De certo modo, a verdade da vida é mais ou menos como a história do ovo de Colombo. Os grandes vultos religiosos do passado não fizeram senão mostrar muitas e muitas vezes ao mundo como fazer com que o ovo ficasse em pé. Mostraram como cada um de nós – que iniciamos a vida sem nada – tem a possibilidade de ser um santo se continuar aprimorando a alma, independentemente da família a que pertence ou da educação que recebeu.

Qual é a verdade simples que esses líderes religiosos nos mostraram, tal como fez Colombo com o ovo? Mostraram que a alma é a única coisa que nós podemos levar para o outro mundo. Ao morrer, deixamos aqui o *status* social, o prestígio, as propriedades e os bens materiais. E, já que retornamos ao outro mundo unicamente com a nossa alma, é óbvio que o mais importante neste mundo terreno é o aprimoramento da alma.

Imagino que muita gente se sente no direito de protestar, dizendo: "Ora, qualquer um pode proclamar essa verdade tão simples." Porém, se ninguém se adiantasse a dar o exemplo, nós não teríamos resposta para a questão do que os seres humanos devem aprender com a vida. Eu desejo sinceramente que o maior número possível de pessoas desperte para o fato de que a vida dos grandes vultos do passado é um exemplo do ovo de Colombo.

4. Aprimorando a alma

Com o exemplo do ovo de Colombo, eu expliquei uma verdade da vida. Quando morrer e retornar ao outro mundo, a única coisa que você há de levar é a alma. De modo que as preocupações com qualquer outra coisa que não seja a sua vida interior acabará se transformando em nada.

O que distingue os grandes vultos das pessoas comuns é o fato de eles terem despertado para a verdade referente ao aprimoramento da alma e de haverem tratado de pôr essa verdade em prática. Quem não se esforçar para aprimorar a alma não tem qualificação para ser considerado um grande vulto.

Abraham Lincoln continua sendo muito respeitado, embora os Estados Unidos tenham tido muitos presidentes antes e depois dele. As pessoas o respeitam não porque ele se alçou ao mais elevado cargo no país, e sim porque aprimorou a alma continuamente. "Sem maldade com ninguém" foi o lema que ele observou até o fim da vida. Acaso você conhece alguém que tenha adotado esse lema e se esforçado para praticá-lo diariamente? Abraham Lincoln ficou famoso pelo papel que desempenhou na Guerra de Secessão norte-americana: o homem que conseguiu unificar o Norte e o Sul. Apesar do fato de ser um representante do Norte, ele pediu à esposa e aos subordinados que deixassem de falar mal dos sulistas; disse que eles próprios se comportariam daquela maneira se tivessem nascido no Sul. Lincoln aprimorava a alma continuamente com lemas como "Sem maldade com ninguém, com caridade para todos" e "Não julgue para não ser julgado". Tal atitude inspira esperança.

Lincoln nasceu numa família pobre e, segundo diziam, não era um homem bonito. Foi baleado por John Wilkes Booth no Teatro Ford, em Washington, na sexta-feira, 14 de abril de 1865, e faleceu no dia seguinte. Conquanto tenha tido uma morte trágica, sua vida desbordou uma luz dourada que inspirou as pessoas em todo o mundo. Quando Lincoln estava agonizando num quarto de hotel ordinário, o seu assessor mais leal, Edwin M. Stanton, Secretário da Guerra, murmurou consigo mesmo que ninguém neste mundo tinha um controle tão cabal do seu coração (mente) quanto o homem que lá jazia.

Aliás, controlar o coração é o grande desafio da vida, e qualquer um pode aceitar esse desafio em qualquer lugar, em qualquer momento. Quando tiver o controle total do seu estado interior, você será um dos que estão mais próximos de Deus. Quando conseguir desvendar os mistérios do mundo interior, encontrará uma utopia dentro de si.

5. Em primeiro lugar, o amor que dá

Eu disse que nós iniciamos a vida sem nada e crescemos graças à ajuda e ao amor que recebemos das pessoas que nos são próximas e que, se fizermos o possível para aprimorar a alma, sejam quais forem as circunstâncias, finalmente seremos homens ou mulheres de grande caráter. Nós criamos o nosso próprio valor. Esse valor não é determinado pelo nascimento, pela educação nem pelas experiências.

Muitos se interessam por atividades esotéricas e, depois de consultar videntes que investigam suas vidas passadas, vangloriam-se de ter sido grandes vultos históricos. Mesmo que seja verdade, isso não tem a menor importância na vida presente nem projeta uma luz no futuro. No presente, o seu único valor depende daquilo que você deseja realizar.

Você se queixa constantemente daquilo que lhe foi dado e daquilo que realmente lhe cabe? Ou sabe ser grato e deseja devolver algo à sociedade mediante os seus atos? Tudo depende do lado que você escolher, dar ou receber. De certo modo, esta vida é uma prova, e todos nós somos testados a cada minuto.

Pense primeiramente em como dar amor e disso fazer o seu principal objetivo. Quanto amor você dá às pessoas e à sociedade? O amor é uma bênção, uma energia que nutre os outros. Amar é dar coragem, força e esperança às pessoas que encontramos ao longo da vida.

Cedo ou tarde, você vai se dar conta de que o amor é a vontade de Deus e que ele estimula todos os seres a viver, crescer e criar uma grande harmonia. A vontade de Deus é a de encorajar o desenvolvimento de todos os seres. Quando você se convencer a pôr o amor que dá em primeiro lugar, a luz que provém de Deus o preencherá. Quando você começar a desejar nutrir os outros, a compaixão crescerá em você, e essa há de ser a prova de que você é filho de Deus.

Há dois tipos de amor: um deles é o amor que cobra, o outro, o amor que dá. O amor que cobra é sinônimo de apego, ao passo que o amor que dá é o contrário do egoísmo e do amor-próprio. Querer prender e controlar completamente alguém, tal como se prende um passarinho na gaiola, nada tem a ver com o amor que dá. Por mais dinheiro ou coisas que você dê a uma pessoa, se o seu objetivo for prendê-la a você, trata-se do amor que cobra. O verdadeiro amor é imparcial. Não espera nada em troca, mas estimula a outra pessoa a crescer e se desenvolver. O amor não prende o outro, mas nele encontra bondade e o liberta.

É provável que você tenha notado que a natureza do amor que dá é como a do Sol que nos dá luz e calor permanentemente, sem nada esperar em troca. Aliás, o outro nome do amor que dá é compaixão. Esta é a própria essência do amor que dá e é o núcleo da vontade divina. O amor que cobra gera uma filha chamada inveja e um filho chamado autossatisfação. Nem um nem outro cria felicidade.

6. O ponto de partida da felicidade

É bem provável que agora você compreenda que a felicidade começa com o esforço de levar à prática o amor que dá. Em outras palavras, trata-se do esforço de se sintonizar com a compaixão de Deus. Decidir dar amor às pessoas próximas e à sociedade, abrindo mão do próprio ego: eis o ponto de partida da felicidade. Se, na busca da satisfação própria, você causar dor aos outros, nunca entenderá o verdadeiro significado da felicidade.

Sejamos radiantes a fim de dissipar as trevas e, tal como a chama da vela, tal como o farol, dar luz às pessoas à nossa volta. O fato de o fogo ir passando de uma tocha para outra não diminui a chama da tocha original. Do mesmo modo, o amor que damos se alastra, e a sua soma finalmente vem iluminar a escuridão da noite, pois passou de uma pessoa a outra, de um coração a outro.

2: Sobre o amor que dá

1. Começando sem nada

Neste capítulo, eu quero ampliar alguns dos principais temas discutidos no anterior. Comecemos pela seguinte pergunta: "Por que as pessoas estudam a Verdade?" Talvez você nunca tivesse se interessado pelo estudo da Verdade não fosse por um problema, um propósito ou um sonho seu. Eu acredito que cada pessoa tem suas metas e se empenha para atingi-las. Para você, a decisão de trilhar esse caminho pode ter significado novas descobertas, um novo ângulo de entendimento ou um despertar numa área não vinculada aos seus interesses atuais.

O estudo da Verdade requer um esforço constante para atingir os objetivos. Nós não devemos passar o nosso tempo na Terra sem um propósito, à mercê das influências mundanas. Viver à toa é não enxergar o verdadeiro significado da existência terrena. Esta vida é uma preciosíssima oportunidade oferecida pela graça de Deus, e nós devemos aproveitá-la ao máximo.

O budismo aceita a ideia da reencarnação, a ideia de que temos muitas vidas na Terra. Para a maioria das pessoas, o intervalo entre uma existência e outra é de três ou quatro séculos. E a maioria nasce neste mundo com o objetivo de aprender muito no curso de uma nova vida, num ambiente novo e numa era desconhecida. Se não aprender tudo quanto for possível nesta existência, você terá perdido um tempo precioso, pois cada encarnação é uma oportunidade raríssima.

Para nascer neste mundo, é preciso satisfazer uma série de condições. Nós nascemos nas circunstâncias e na época mais adequadas ao desenvolvimento espiritual. Nos livros de filosofia e literatura, é provável que você tenha se deparado com ideias sobre a vida como: "Os seres humanos nascem neste mundo ao acaso" ou "Não escolhemos os nossos pais, nascemos nesta ou naquela família por pura casualidade e somos compelidos a viver a esmo". Essa filosofia, conhecida como existencialismo, está redondamente enganada. Nós não somos lançados acidentalmente neste mundo; antes de nascer para cada vida, sempre definimos um propósito e uma missão. Convém abandonar toda e qualquer ideia de que a existência seja meramente acidental e substituí-la por uma nova perspectiva na vida. Porque é uma verdade espiritual inegável que nascemos nesta Terra com um propósito e com uma missão.

Há quem pense que nasceu neste mundo por mera casualidade, sem ter escolhido os pais nem as circunstâncias em que ia viver. Outros acreditam que essas circunstân-

O PONTO DE PARTIDA DA FELICIDADE

cias resultam de uma escolha e que elas são as mais adequadas ao aprimoramento de sua alma. Conforme a atitude que você adotar, sua vida terá um significado diferente, embora muitos não entendam que tudo depende das escolhas do indivíduo.

É preciso compreender que nós nascemos nesta Terra por livre-arbítrio. Mas, neste caso, "livre-arbítrio" significa que, com a orientação de espíritos superiores, fizemos as melhores escolhas visando ao aprimoramento da alma. Ainda que o meio em que você atualmente vive possa não ser o melhor, ele é o resultado das suas escolhas em conjunção com as recomendações dos seus espíritos orientadores.

Como pessoa dotada da capacidade de entrar em contato com os seres espirituais do outro mundo é comum eu ter a oportunidade de falar com eles. E sempre me surpreendo com os seus diferentes níveis de despertar espiritual. As palavras dos espíritos superiores podem nutrir a alma dos que vivem na Terra. Em compensação, há espíritos incapazes de dizer uma só palavra que preste, espíritos que não fazem senão resmungar e gemer.

Quando viviam na Terra, é provável que esses espíritos se comunicassem muito bem entre si, independentemente do nível espiritual de cada um. Entretanto, ao retornar ao outro mundo, seres de níveis diferentes tomam rumos totalmente diferentes. Isso ocorre porque, no mundo espiritual, aquilo em que a pessoa pensa ou pede fervorosamente em suas orações revela a sua verdadeira na-

— 22 —

tureza. O despertar para essa verdade altera inteiramente a sua visão da vida. Você se dá conta de que, quanto mais descobre sobre sua natureza divina, mais consegue se elevar espiritualmente. Minhas conversas com os seres espirituais confirmam que este mundo foi criado para o treinamento da nossa alma. A aceitação ou a rejeição dessa verdade afeta muito o curso da sua vida.

Quero enfatizar que, sejam quais forem as experiências que teve nas vidas anteriores, toda vez que nasce neste mundo você começa sem nada. Independentemente do tipo de disciplina espiritual a que se tenha submetido, independentemente dos reinos que tenha habitado neste mundo, ao renascer como um bebê, você recomeça do zero, recomeça sem nada. Eis o segredo da vida.

2. A alegria da descoberta

Que você acha de iniciar a vida sem nada? Parece-lhe justo ou injusto? Peço-lhe que reflita sobre isso. Na Happy Science, procuro deixar claro que os valores mundanos não afetam o valor da pessoa. O *status* social, a fama, a riqueza, o grau de instrução, a idade e o sexo não têm a menor importância. Na Happy Science, o único critério de respeito é o nível de iluminação atingido. Quanto mais elevado for o seu nível de iluminação, tanto mais influência você terá; esta é a nossa política fundamental, e nela não há nada de estranho.

Ao iniciar a vida num corpo físico, todos somos iguais à medida que todos temos de começar do nada. Nesta existência, nós nos submetemos a uma disciplina espiritual muito rigorosa; como as nossas realizações nas vidas passadas não são levadas em conta, somos obrigados a recomeçar. Todos começam do zero, tanto os que passaram centenas de anos padecendo no inferno e, enfim, renasceram neste mundo quanto os habitantes de dimensões superiores no outro mundo, como Bosatsu ou Nyorai.* Todos têm de recomeçar igualmente, exatamente na mesma linha de partida.

Começar sem nada pode parecer um treinamento rigoroso, mas, se você ponderar profundamente, verá que ele oferece as melhores oportunidades ao seu desenvolvimento espiritual. Até que ponto conservar a memória das vidas passadas, nas quais a gente talvez tenha sido rei, um grande líder religioso ou um sábio eminente, contribuiria com o aprimoramento da sua alma na existência atual? Eu estou convencido de que isso seria um grande fardo para qualquer um.

Se você se interessar pelas ciências naturais, imagino que estude algo como física, engenharia ou eletrônica. Caso tivesse guardado a memória de uma vida anterior de grande cientista, como Newton ou Arquimedes, e caso seus pais não fizessem senão lembrá-lo continuamente

---

* O outro mundo tem estrutura multidimensional. Um Bosatsu habita a sétima dimensão, ao passo que um Nyorai pertence à oitava. Para detalhes, ver o meu livro *As leis da eternidade*.

SOBRE O AMOR QUE DÁ

dessa existência, como seria o presente? Seria uma vida vivida sob uma enorme pressão para reproduzir o mesmo desempenho. De certo modo, é uma grande dádiva iniciar a existência terrena como um papel em branco.

Atualmente, eu sou presidente da Happy Science, faço palestras públicas e escrevo livros sobre a Verdade. Mas foi só por volta dos vinte anos de idade que comecei a entender, vagamente, a minha verdadeira missão nesta vida. Quando me pergunto se isso foi bom ou ruim, chego à conclusão de que tive muita sorte. Completamente inconsciente da minha verdadeira missão, eu levava uma vida comum e corrente, só depois senti o meu verdadeiro eu emergir aos poucos. Isso me deu uma grande alegria.

A vida é como uma caça ao tesouro. Se lhe contassem de antemão onde ele está enterrado, não haveria entusiasmo. Enquanto procura o tesouro escondido na jornada da vida, a gente pode fazer grandes descobertas e encontrar muita alegria.

3. Refletindo sobre si mesmo

Tendo reconhecido que nós iniciamos a vida sem nada, convém lembrar de retornar diariamente a esse fato, como o nosso ponto de partida. Talvez você tenha tido muitas experiências neste mundo – no colégio, em casa ou no trabalho. Algumas vezes, as pessoas o admiraram, outras, não. Todavia, independentemente das experiências que tenha acumulado na vida, você nasceu sem nada, e era muito pouco o que o distinguia dos outros bebês. Ainda que você fosse um pouco mais gordo ou mais magro do que os outros, não havia como saber o que seria de cada bebê ou que tipo de pessoa ele haveria de ser quando crescesse. Se você imaginar centenas de bebês enfileirados à sua frente, não poderá dizer que tipo de vida cada um vai levar. Cada bebê terá uma vida própria, a qual depende do que ele pensar, do que desejar e de como ele vai agir quando crescer.

Quando nós chegamos a este mundo, os nossos espíritos guardião e guia, assim como os anjos do céu, se enchem de expectativa e também de uma grande preocupação com o nosso futuro. Às vezes, a gente vê um bebê sorrindo inocentemente, embora esteja sozinho. Ocasionalmente, ele assume uma expressão misteriosa, a qual os pais não conseguem entender. Na verdade, em muitos desses casos, por ter o coração tão puro, o bebê consegue ver e reagir aos anjos e a outros seres espirituais.

No entanto, à medida que vão se acostumando a este mundo terreno, as crianças esquecem o mundo dos espíritos e perdem a capacidade de com ele se comunicar. Cometem o erro de supor que a Terra é o único mundo que existe. Ao chegar à idade escolar, começam a se preocupar com a roupa que vestem ou com a riqueza ou com a pobreza da família a que pertencem. Consequentemente, algumas ficam descontentes e ressentidas. Essas crianças já esqueceram que começaram a vida sem nada e passaram a confundir este mundo, vendo-o como sua única morada.

SOBRE O AMOR QUE DÁ

•

Se você estiver ansioso atualmente, eu o convido a refletir sobre a causa original do seu sofrimento e a ver se pode rastreá-lo até a infância, quando começou a se comparar com os outros. Quem tem propensão à infelicidade costuma atribuir seu sofrimento a circunstâncias exteriores, a fatores como o nascimento, a criação ou às pessoas que convivem com ele, intensificando o desejo por tudo que lhe falta. À medida que ele cresce, a agitação de seu coração (mente) tende a aumentar, não a diminuir.

4. Mudando de perspectiva

Vez por outra, é muito importante refletir sobre nós mesmos, olhar para o ponto de partida da vida, para o momento em que todos começamos sem nada. Tomemos o exemplo do homem que trabalha numa empresa famosa e prestigiada. Vistas de fora, suas condições parecem privilegiadíssimas, mas ele já se acostumou a essa situação excelente e a considera apenas normal, óbvia. E, por isso mesmo, passa a dar mais importância para o modo como o tratam em comparação com os seus colegas. Se notar que um deles é mais competente ou recebe tratamento melhor, fica insatisfeito e começa a se queixar. Todavia, vista de uma perspectiva mais ampla, a sua situação é muito melhor do que a da média das pessoas. Se a pessoa não for capaz de olhar objetivamente para as suas condições, se esquecer que não tinha absolutamente nada quando iniciou esta vida, seu sofrimento só aumentará cada vez mais. É importante entender que a dor e o sofrimento surgem quando começamos a nos comparar com os outros.

Na maturidade, o curso da vida se altera de acordo com o modo como a pessoa a encara. Se ela escolher competir com as demais ou enxergar tudo em termos de superioridade e inferioridade, sua existência ficará marcada pela dor. Mas se tiver em conta que as relações com os outros envolvem um processo de mútuo aprimoramento por meio de ideais mais elevados, receberá grandes bênçãos.

Se você se sentir inseguro na presença de quem teve o que lhe faltou ou desfruta condições melhores do que as suas, é porque ainda não descobriu o seu verdadeiro eu.

Quando eu descobri o meu verdadeiro eu, passei a enxergar o valor das mais diversas pessoas. Tornei-me alegre porque conseguia ver que as outras pessoas eram maravilhosas; isso significa que a minha alma passou por um grande progresso. Eu me orgulho de ter desenvolvido a capacidade de reconhecer a força das demais pessoas e, ao mesmo tempo, conservar a paz de espírito.

Quem se dispõe a encontrar o bem nos outros conta com a promessa de desenvolvimento ilimitado. Quem acha que não precisa aprender nada com os demais ou que ninguém é capaz de ter ideias tão boas quanto as suas está se condenando a uma vida solitária e a desenvolver um caráter insociável. Por outro lado, para aquele que se dispõe a aprender com os aspectos positivos que detectar nos outros, quanto mais gente excelente houver neste mundo, mais exemplos haverá para seguir.

Se você encontrar quem pareça desfrutar condições melhores do que as suas, procure admitir que o fato de existirem pessoas felizes neste mundo é simplesmente maravilhoso e trate de ficar agradecido por isso. Se conseguir chegar a tanto, estará ultrapassando os limites da mediocridade. Mas se achar ruim ver alguém em condições melhores do que as suas, é porque você não deu um só passo rumo à iluminação.

Nunca se esqueça de que todos começamos do zero. Retorne ao ponto de partida e examine a sua vida até o presente momento. Espero que fique satisfeito com as coisas que você realizou até agora e que tenha gratidão para com os que o ajudaram. Se não tiver, é porque ainda não despertou. Se o que tiver forem queixas porque as pessoas insistem em falar mal de você, não o amam nem o tratam bem, por certo os seus olhos estão encobertos; e a sua visão, distorcida. Quando corrigir essa distorção, vai ver que estava completamente equivocado. Saberá que, direta e indiretamente, recebeu a ajuda e o amor de muita gente. Eu diria que o próprio fato de você estar vivo é o resultado da ajuda de muitos.

Tal percepção há de despertá-lo para a verdade, de saber estar satisfeito. Isso não significa que você tenha de continuar eternamente como está ou que não deva desejar se desenvolver. O que eu quero dizer é que, se você tiver um nível superior de compreensão e olhar para as coisas com outra perspectiva, um mundo completamente novo há de se descortinar diante dos seus olhos. Coisas de que você não se dava conta se destacarão como que iluminadas por um holofote. Sem uma mudança completa de perspectiva, é impossível compreender o verdadeiro significado da vida.

5. Encontrando luz nas trevas

Começando sem nada e vivendo as nossas vidas na Terra, em certo estágio nós chegamos ao ponto em que descobrimos o nosso mundo interior. Na escola, podemos começar a nos comparar com os outros. No trabalho, não faltará oportunidade para considerar o nosso relacionamento com os demais. Então, no devido tempo, examinamos o nosso eu interior. Esse tempo varia de pessoa para pessoa, mas cedo ou tarde acabamos ficando cara a cara com as nossas tendências inatas, com o nosso karma, ou seja, com o problema mais importante que nos cabe solucionar nesta vida. Isso pode ocorrer aos vinte e poucos anos, aos trinta, aos cinquenta ou aos sessenta e tantos anos. É impossível prever quando acontecerá, mas, em determinado ponto desta existência, não podemos fugir dos problemas que nos foram atribuídos.

Pode ser por intermédio de uma doença, de um fracasso profissional, de uma separação pela morte de um parente, de um divórcio ou de qualquer coisa dessa natureza, mas aquilo que se julgar necessário à nossa disciplina espiritual acontecerá inevitavelmente em determinada ocasião. Esse é o momento em que temos de enfrentar

SOBRE O AMOR QUE DÁ

quem realmente somos, despidos das camadas que nos protegiam. O eu que encerramos numa concha para que ficasse protegido e a salvo será arrastado para fora. Por mãos alheias ou mediante os nossos atos, através de uma alteração nas circunstâncias ou no tempo, seremos retirados da incubadora que nos conservava no calor e em segurança. Seremos obrigados a enfrentar a nós próprios, principalmente as partes que mais detestamos ver.

A vida não é apenas feliz e agradável; também é repleta de dor e sofrimento. No entanto, a dor funciona como uma pedra de amolar na qual podemos nos aprimorar, e o sofrimento nos dá o desejo de compreender a nossa situação e pode despertar em nós o amor pelos demais. Temos de reconhecer a existência de um sistema de aprimoramento da alma que foi cuidadosamente concebido por Deus.

Aqueles que são espiritualmente avançados podem continuar crescendo e chegar a níveis superiores de iluminação mesmo levando uma vida alegre e afortunada. Porém aqueles que só despertam quando compelidos por um problema grave hão de enfrentar, inevitavelmente, situações adversas. Pois os aguarda um encontro com a Verdade.

O encontro com a Verdade lhe dará o grande prazer da descoberta. O verdadeiro valor da pessoa não está na quantidade de riqueza material que lhe foi outorgada nem no prestígio que ela angariou aos olhos das outras pessoas. O seu verdadeiro valor reside na qualidade e na profundidade da Verdade, na força da luz que ela conseguir alcançar durante a existência na Terra. (vide página 13)

A questão aqui é a qualidade da Verdade que você consegue descobrir, o quão profundamente pode compreendê-la, a intensidade com que é capaz de sentir a luz e a quantidade de luz que emite. Pouco importam as experiências que teve ou as circunstâncias em que foi colocado; simplesmente pergunte a si mesmo qual é a intensidade da luz que emana do lugar em que você se acha agora.

Eu gostaria de perguntar àqueles que lamentam as suas condições miseráveis ou doenças físicas: "Qual é a intensidade da luz que você emite?" O brilho suave do vaga-lume é quase invisível à luz do dia, mas vai se tornando cada vez mais perceptível no lusco-fusco do entardecer e, à noite, fica bem claro. Do mesmo modo, quanto mais escura e sombria parecer a sua vida, tanto mais luminosa e intensa pode ser a sua luz interior. Portanto, se você acha que está nas trevas, tome a decisão de acender uma lâmpada para marcar um recomeço, a luz da sua esperança, a luz da iluminação. Gradualmente, essa luz se tornará mais clara aos seus próprios olhos, assim como aos dos outros. No futuro, quando olhar para trás, você terá orgulho do grande esforço que envidou nos tempos difíceis.

6. O mundo em que o pensamento é tudo

Sendo uma pessoa dotada de capacidade espiritual, eu tenho a oportunidade de conversar com diversas ordens de seres espirituais – com os que vivem nos reinos celestiais e com outros que não. Sempre acho triste que muitos seres espirituais tenham sido reduzidos a condições miseráveis no inferno, muito embora fossem decentes e parecessem ter feito um trabalho razoável quando vivos. Como encontrei muitos casos assim, eu indaguei por que gente que levou uma vida respeitável precisa sofrer tanto e, graças a essas experiências, passei a sentir intensamente que é preciso mostrar a perspectiva verdadeira ao maior número de pessoas enquanto elas estiverem vivas.

Como é possível que pessoas que, em vida, podiam conversar razoavelmente fiquem reduzidas a seres capazes apenas de gemer a sua dor ao passar para o outro mundo? Que horror se for esse o futuro que nos aguarda! É terrível ignorar o que pode acontecer no futuro. Tenho certeza de que você não quer pensar que todas as experiências desta existência podem resultar em semelhante miséria. Entretanto, muitos passam a vida neste mundo ignorando a verdade espiritual, e, conquanto não exista um "juízo" ou "julgamento", eles finalmente terão de assumir a responsabilidade pela sua ignorância.

No outro mundo, os pensamentos se manifestam instantaneamente, ao contrário deste, em que os pensamentos permanecem invisíveis até serem expressos ou colocados em ação. Geralmente, as ideias só se materializam mediante os atos alheios. Contudo, no outro mundo, no Mundo Real, não existe senão pensamento. Por mais que uma pessoa consiga fingir-se de dama ou cavalheiro neste mundo, se estiver repleta de dor, sofrimento ou pensamentos nocivos, o que há dentro dela se manifestará quando ela retornar ao outro mundo. O resultado será uma vida após a morte num reino correspondente a tais pensamentos.

Neste mundo, as diferenças entre os estados do coração das pessoas parecem não ter grande importância; mas, no outro mundo, as brechas são extremamente largas. Cada nível se diferencia claramente. Tal como a água lamacenta que a gente sacode e depois espera decantar, ele se assenta em camadas – em cima, a água límpida, a seguir, pequenas partículas e, no fundo, a camada de sedimentos depositados. Conforme a qualidade e a quantidade de pensamentos que tivermos nesta vida, nós nos separaremos em diferentes níveis espirituais após a morte do corpo.

Quero chamar uma vez mais a atenção para a importância de compreender isso. No mundo espiritual, o que você pensa e deseja mais intensamente explicita a sua verdadeira natureza. Para saber quem você é e a que tipo de reino pertence, basta examinar o conteúdo do seu coração durante o dia. A soma total do que você pensa cotidianamente revela a sua verdadeira natureza e indica o nível a que você está destinado quando passar para o outro mundo.

Uma vez despertos para essa verdade, nós não podemos senão alterar completamente a nossa visão da vida. De fato, quanto mais você descobrir dentro de si a sua natureza divina, tanto mais pode se elevar espiritualmente. Portanto, a questão que se coloca é a de como viver depois desse despertar.

7. Descobrindo uma nova perspectiva

Retomemos a descoberta do Novo Mundo por Cristóvão Colombo. Naquela época, não era ponto pacífico que a Terra fosse redonda. Pouca gente acreditava na teoria segundo a qual era possível chegar às Índias navegando para o oeste, embora se soubesse que era possível chegar lá pela rota do leste. Colombo ousou acreditar na teoria e empreender a viagem. Na verdade, o que ele descobriu foram as Índias Ocidentais, mas é inegável que foi ele quem abriu caminho para a descoberta de um novo continente.

Descobrir o mundo do espírito é tão importante quanto descobrir um novo continente. Mas, enquanto não lhes mostrarem o caminho, as pessoas não entendem nem mesmo as verdades mais simples. Isto também se aplica à compreensão das verdades espirituais. O mundo do espírito existe, sim: eis uma verdade simples. Nós vivemos sujeitos às leis da reencarnação. Isso é um fato. Aceitar ou rejeitar tais coisas há de fazer uma grande diferença no curso da sua vida.

Lamentavelmente, a corrente principal da educação moderna desdenha esses fatos e se recusa a disseminar a crença no mundo espiritual ou na reencarnação. Os que abraçam cegamente as ideias predominantes são exatamente como aqueles que diziam que era impossível colocar um ovo em pé. Eu lhe peço que pense na sua situação e reflita sobre como fazer novas descobertas sobre ela, sobre a educação que você recebeu, sobre a sua vida profissional e familiar.

Se conseguir contemplar a sua situação por outro ângulo, fará novas descobertas e encontrará novos princípios de ação na vida cotidiana. Pergunte a si mesmo: "Se Colombo estivesse no meu lugar, que descobertas teria feito na vida? Até agora, eu aceitei e adotei as ideias predominantes, que a maioria das pessoas toma por ponto pacífico, mas será que não posso ver as coisas a partir de uma perspectiva nova e viver de modo totalmente diferente?"

As descobertas que você faz no dia a dia podem ser grandes ou pequenas, mas eu creio que todos têm o potencial de colocar um ovo em pé como fez Colombo. Sugiro que pense assim: "Muita gente seguirá levando uma vida comum como a que levei até agora, mas se eu olhasse para as coisas de um ponto de vista novo e diferente, provavelmente poderia mudar a minha vida."

Esse modo de pensar também se aplica à administração dos negócios. Se você tiver um estabelecimento comercial, o que fazer num período de recessão econômica? Pode simplesmente acompanhar a alegação comum, se-

SOBRE O AMOR QUE DÁ

gundo a qual a moeda forte prejudica a indústria exportadora e é impossível ter lucro em tal ambiente econômico. Isso é fazer o mesmo que as pessoas que tentaram colocar o ovo em pé e não conseguiram. Outro modo de encarar a mesma situação consiste em averiguar se não há um meio de lucrar *porque* a moeda é forte. Qualquer situação apresenta lados positivos e negativos. Portanto, se refletir profundamente e procurar boas ideias, você pode ter um avanço inesperado.

O mesmo vale para o trabalho burocrático. Depois de trabalhar cinco ou dez anos no mesmo lugar, pode ser que você se sinta num beco sem saída na rotina profissional. Quando era novato, provavelmente costumava fazer muitas descobertas, mas é bem possível que tenha perdido esse entusiasmo inicial. Talvez tenha passado a sentir que conhece perfeitamente o seu trabalho e que a única coisa que precisa fazer é ficar no escritório das nove às cinco e tratar de curtir a vida depois do expediente.

Embora seja provável que você tenha feito muitas descobertas quando estava começando, mais provável ainda é que tenha se tornado prisioneiro das tradições e das ideias fixas. Se manifestasse abertamente uma opinião ou apresentasse novas ideias, é possível que se tornasse alvo de críticas. Com o passar dos anos, provavelmente foi se tornando cada vez menos franco e passou a guardar suas opiniões para si, mesmo quando fazia descobertas. Em outras palavras, você se tornou conservador. É assim que as pessoas originalmente capazes de contribuir com algo novo são contidas, desperdiçam o próprio potencial e finalmente recaem num estado em que a única coisa que lhes interessa é o dia do pagamento.

No entanto, seja qual for a situação, você certamente pode fazer novas descobertas na vida cotidiana. Mesmo que esteja trabalhando no mesmo lugar há dez ou vinte anos, às vezes é útil imaginar-se um novato e examinar a sua atual situação profissional com os olhos de um recém-chegado. Sem dúvida, vai achar coisas que precisam ser alteradas ou áreas que foram negligenciadas. Pergunte-se por que você faz as coisas do mesmo modo que os outros. Há de haver nichos de novas oportunidades que ninguém detectou ainda. Se se empenhar na busca de inovações, com certeza você fará descobertas inesperadas.

8. Busca do correto coração (mente)

Na Happy Science, nós oferecemos seminários e exames que estimulam as pessoas a estudar. Pode-se comparar esse sistema com o ovo de Colombo, pois nenhum outro grupo religioso tem um sistema educacional semelhante, que envolva o exame dos membros. No início das nossas atividades, muitos participantes se surpreendiam com o fato de ser submetidos a exames. Não podiam acreditar que um grupo religioso avaliava os seus membros, porque, para eles, religião era um lugar em que as pessoas iam "lamber as feridas" umas das outras e se consolar mutuamente. Esse modo de pensar antiquado corresponde à

SOBRE O AMOR QUE DÁ

atitude dos que declararam que era impossível colocar um ovo em pé. Todavia, na Happy Science, temos um sistema pelo qual os participantes fazem exames, em diversos níveis, a fim de testar o seu conhecimento da Verdade. Estou seguro de que, no futuro, outros grupos seguirão o exemplo e imitarão o nosso estilo de educação. Pretendo continuar apresentando ideias inovadoras como esta, na Happy Science, e tenho certeza de que cada membro também pode fazer novas descobertas na vida cotidiana. Examinando a história, vemos que os gênios e os que realizaram grandes feitos foram os que deram um exemplo, tal como fez Colombo ao navegar para o outro lado do mundo. Milhões de seres humanos foram contemporâneos dos grandes vultos históricos, mas a diferença entre o gênio e a pessoa comum está na capacidade de encontrar uma nova perspectiva nos objetos corriqueiros do dia a dia, como um ovo, e em saber colocá-lo em pé – em outras palavras, fazer algo inovador em circunstâncias universalmente compartilhadas. Com efeito, milhões de pessoas participavam do mesmo ambiente, e os grandes vultos históricos não tinham o privilégio de possuir instrumentos mágicos; serviram-se de material ordinário para produzir resultados extraordinários. No fim, provaram que, independentemente da origem familiar e da instrução, qualquer um pode ser um grande vulto se aprimorar a alma, mesmo tendo começado do nada. Se examinar a biografia dos grandes vultos históricos, você vai ver que poucos saíram de um meio privilegiado; a maioria passou por dificuldades antes de chegar ao seu momento de glória. Que alquimia secreta é essa que transforma chumbo em ouro? A resposta está no simples fato de que esses vultos históricos aprimoravam a alma continuamente. Isso nada tem de surpreendente, pois, como já vimos, ao retornar ao outro mundo, a única coisa que levamos conosco é a alma. No presente, você pode se identificar com o seu corpo físico, mas você não é o seu corpo. Mesmo sem cérebro a gente pode pensar. Aliás, no outro mundo, os seres espirituais não têm cérebro, mas nem por isso deixam de ter pensamentos. O cérebro não passa de uma máquina.

Se a única coisa que se pode levar para o outro mundo é a alma, o que pode ser mais importante do que aprimorá-la? Entender isso há de modificar, inevitavelmente, as suas ideias sobre o que constitui a felicidade na vida cotidiana. Pode ser que alguns se sintam felizes se tiverem um aumento de 5 mil dólares na renda anual ou se conseguirem comprar um carro novo por um ótimo preço. Contudo, ninguém leva o dinheiro nem o automóvel para o outro mundo. Essa felicidade é vazia e temporária. A verdade, por simples que seja, é difícil de praticar, e, infelizmente, as pessoas não notam que a vida consiste em aprimorar a alma. Aliás, a maioria delas nunca pensou seriamente no mundo interior.

Na Happy Science, eu ensino a aprimorar o estado do coração (mente) com o lema "Busca do Correto Coração". Pode parecer fácil, porém muita gente é incapaz de pôr isso em prática. Você conhece alguém que pratica a busca do correto coração? Entre os seus colegas, familiares ou amigos, há quem se concentre na correção dos seus pensamentos? Pois este é o segredo do sucesso na vida.

O caminho dourado para vencer é a busca do correto coração. A diferença entre os que buscam constantemente o estado correto do coração e os que vivem a esmo ficará muito evidente nas próximas décadas. Ao deixar este mundo, muita gente será obrigada a passar um longo tempo refletindo sobre o conjunto da sua vida e "respondendo" pelo que fez. Esforçar-se diariamente para atingir o correto coração significa refletir cabalmente sobre a vida até agora, equilibrando e acertando a "conta" diariamente. Se insistir dia após dia nessa prática da autorreflexão, você chegará ao seu último dia com as contas da vida inteiramente equilibradas. Sabendo exatamente o que era certo e o que era errado em seus pensamentos e atos e tendo procedido a ajustes e correções na vida interior, você terá condições de progredir rapidamente no aprendizado espiritual no outro mundo.

9. O divisor de águas na vida

"Aprimorando a alma" (vide página 15) focaliza a história de Abraham Lincoln. Você deve conhecer o nome "Lincoln" e algumas de suas realizações. Dentre os muitos presidentes dos Estados Unidos, por que ele é tão respeitado não só em seu país como no mundo todo? Não creio que seja só pelas suas realizações.

A história registra muita gente que, no sentido mundano, realizou tanto quanto Lincoln. Todavia, entre os muitos heróis militares e políticos, o que fez com que Lincoln se sobressaísse foi o princípio pelo qual ele orientou a sua vida, que mencionei acima: "Sem maldade com ninguém."

Quando morava nos Estados Unidos, eu li uma biografia de Lincoln. O título, *With Malice Toward None* [*Sem Maldade com Ninguém*], bastava para revelar que se tratava da biografia de Lincoln, pois, na história dos Estados Unidos, ele era a única pessoa conhecida por ter vivido segundo esse princípio. Por isso perguntei:

> Você conhece alguém com o mesmo lema de Lincoln, alguém que se esforça para praticá-lo diariamente? (vide página 15)

É dificílimo encontrar alguém que se oriente por esse lema. Aliás, a probabilidade de achar essa pessoa tão rara deve ser de menos que uma em um milhão. Ter a intenção de não prejudicar os demais parece muito simples, mas quase ninguém consegue pô-la em prática. Lincoln foi uma rara exceção.

No entanto, originalmente, o seu temperamento estava muito longe da serenidade sugerida pelo lema que o orientou posteriormente. Na juventude, Lincoln tinha "pavio curto" e se meteu em muitas brigas. Segundo a biografia, no início da carreira de advogado, ele criticava publicamente e se indispunha com muita gente. Um dia, uma pessoa que havia sofrido um ataque dele desafiou-o a um duelo. Lincoln não teve escolha senão aceitar e se bater. Na beira de um rio, com as costas coladas na do adversário, a arma na mão, ele já estava começando a contar os passos quando alguém se interpôs de súbito, interrompendo o duelo. Lincoln se salvou. Tendo escapado da morte por um triz, ele recebeu uma dura lição: a crítica severa pode ter graves consequências. Graças a esse choque, o seu modo de ver a vida passou por uma transformação completa. Ele se deu conta de que era fácil criticar e condenar os outros, mas era dificílimo viver sem nutrir pensamentos ruins com relação a algum ser humano. E decidiu escolher o caminho difícil.

É fácil encontrar defeitos nos demais e mostrar as suas falhas ou exprimir ódio por eles. No entanto, é extremamente difícil ser tolerante a ponto de aceitar e perdoar os erros alheios e ser amável com os outros. A diferença entre a pessoa comum e o grande homem está na capacidade de escolher o caminho difícil.

Antes da experiência com o duelo, Lincoln era um sujeito comum, um dos muitos homens nascidos em famílias pobres que trabalharam muito para subir na vida e ter sucesso na carreira de político, advogado ou em outra profissão qualquer. Depois do duelo, sua visão da vida mudou completamente. Dali por diante, ele se empenhou em pôr em prática princípios como "sem maldade com ninguém, com caridade para todos" e "não julgue para não ser julgado".

Mesmo durante a Guerra de Secessão, quando seus assessores e oficiais falavam mal dos sulistas, ele dizia: "Nós faríamos a mesma coisa se estivéssemos em seu lugar, portanto, é melhor não falar mal deles." Você pode imaginar outro comandante em chefe fazendo um comentário tão generoso sobre o inimigo ao mesmo tempo que o combatia? Neste aspecto, ele era extraordinário. Sabia que há problemas que precisam ser resolvidos de maneira prática, distinguindo o certo do errado, mas também que há uma perspectiva superior que abarca o todo.

Você pode enfrentar situação semelhante. Por exemplo, suponha que um homem muito bom cometa um erro no trabalho, e que você esteja em condições de lhe mostrar o erro. Sua atitude para com ele faz uma grande diferença – pode mostrar o equívoco levando em conta a sua personalidade e as suas circunstâncias e consciente de que isso lhe será útil; mas também pode simplesmente manifestar irritação, sem nenhuma consideração por ele como pessoa. Para quem vê de fora, pode parecer que não há muita diferença entre esses dois modos de agir, mas nós precisamos ter consciência da diferença em termos da atitude mental envolvida. Aliás, a atitude que adotarmos em cada situação afetará a nossa vida dali por diante. Essas decisões são divisores de água na vida.

10. Rumo ao amor que nada pede em troca

Agora examinemos a conclusão do capítulo 1 (vide página 17). Mesmo correndo o risco de ser redundante, vou repetir que, começando sem nada, nós crescemos recebendo uma grande quantidade de amor e atenção de muita gente, mas geralmente nos esquecemos disso. O segredo do sucesso nesta vida é a verdade segundo a qual, sejam quais forem as circunstâncias, nós podemos ser homens e mulheres de integridade total se nos empenharmos ao máximo em aprimorar a alma.

O ponto mais importante é que o seu valor, neste exato momento, depende do que você deseja realizar. Pode lamentar coisas do passado, porém o mais importante agora é o que você vai fazer, o que vai pensar, o que vai expressar através dos seus atos e o que vai descobrir daqui por diante.

Você se queixa constantemente daquilo que lhe foi dado e daquilo que realmente lhe cabe? Ou sabe ser grato e deseja devolver algo à sociedade mediante os seus atos? Tudo depende do lado que você escolher, dar ou receber. De certo modo, esta vida é uma prova, e todos nós somos testados a cada minuto. (vide página 17)

Seja qual for a escolha feita – dar ou receber –, pode ser que, exteriormente, a situação pareça inalterada. No entanto, é a sua atitude para com essa situação que vai determinar se o que caracteriza o seu mundo interior é a felicidade ou a infelicidade. Felicidade e infelicidade dependem apenas de uma decisão – como controlar a sua atitude mental, como abordar as outras pessoas e as situações. É impossível controlar os pensamentos ou os sentimentos alheios. Embora possamos influenciar os outros, não podemos modificá-los, pois cada um tem o seu livre-arbítrio. O livre-arbítrio de cada indivíduo está firmemente estabelecido e protegido. No entanto, se aplicarmos o princípio do livre-arbítrio a nós mesmos, veremos que somos perfeitamente capazes de alterar os nossos pensamentos e atitudes. E essa é uma grande bênção. Se conseguirmos operar apenas 50% de mudança em nós mesmos, além de podermos assumir a responsabilidade pela nossa vida, será como se nos derem o volante de um carro para guiarmos a nossa vida no rumo certo. Nós estamos totalmente encarregados de controlar o nosso pensamento. Essa é a origem da nossa responsabilidade.

Permita-me propor que comecemos por primeiro dar amor, pois, sabendo-o ou não, nós já recebemos muita coisa e a bênção de muita gente. Não devemos nos contentar unicamente em receber, também temos de sentir gratidão e expressá-la através do nosso desejo de oferecer algo em troca.

O amor é uma bênção, uma energia que nutre os outros. Amar é dar coragem, força e esperança às pessoas que encontramos ao longo da vida. (vide página 17)

SOBRE O AMOR QUE DÁ

Eu queria que você entendesse que o amor é a vontade de Deus. O "amor que dá" é o princípio que constitui o próprio alicerce da doutrina da Verdade na Happy Science. Neste mundo, porém, a maioria das pessoas parece confundir o "amor que dá" com o "amor que cobra" ou com o "amor que a gente sente no direito de ter". Enquanto não abandonar essa ideia errônea de amor, ninguém consegue alcançar a verdadeira paz de espírito.

Se você pensar profundamente, tenho certeza de que recordará as muitas coisas que os outros lhe deram. Provavelmente, as pessoas que o ajudaram são tantas que é impossível enumerá-las. Por outro lado, você se lembra do que fez pelos outros? Tente fazer um balancete, colocando de um lado a coluna do "amor que dei", do outro a do "amor que recebi". Na maioria dos casos, o débito supera o crédito. É quase certo que você vai ficar boquiaberto com a enorme defasagem entre um e outro e, assim, se sentirá motivado a refletir sobre a vida.

Ao refletir sobre o amor, tenha a cautela de lembrar que o amor que prende os outros, privando-os de liberdade, não é o "amor que dá". Esse tipo de mal-entendido é muito comum na relação dos pais com os filhos. Muitos se queixam porque, embora tenham dado muito ao criar os filhos, estes se mostram ingratos. Esse problema parece ser universal. Pense bem, isso que os pais tomam por amor é realmente "amor que dá"?

Quando a gente faz alguma coisa por outra pessoa esperando algo em troca, o amor perece. Você dá amor do mesmo modo como dá de comer a um passarinho para que ele não fuja da gaiola? Pouca gente sabe o que é amor. Dar amor na expectativa de receber algo em troca não se diferencia em nada de uma relação comercial qualquer, na base do toma lá dá cá. É errado encarar o amor desse modo. Quem não sente alegria no mero ato de dar amor não sabe o que é amar.

Uma das características mais significativas do mundo atual é o fato de tanta gente cultivar o amor que prende em vez do amor que dá. O amor que prende os outros não é amor de verdade, e sim uma expressão do egoísmo que procura capturar e controlar o outro. Infelizmente, são muitos os que não compreendem isso, e eu quero muito que você desperte para esta verdade.

Faça as seguintes perguntas: "Eu estou tentando controlar o meu filho ou filha, o meu esposo ou esposa? A minha verdadeira intenção é a de prender o meu parceiro ou parceira? Muito embora eu ache que estou cuidando bem da minha equipe, acaso estou tentando controlá-la?"

O amor verdadeiro é desinteressado. Longe de prender os outros, neles encontra a bondade e trata de libertá-los. Nunca se esqueça disso e reflita sobre si mesmo à luz dessa verdade. Então você compreenderá que "amor que dá" é sinônimo de compaixão, do amor abnegado de Deus.

11. Qual é o ponto de partida da felicidade?

Qual é o ponto de partida da felicidade? A resposta, você a encontrará quando decidir dar amor às pessoas e à sociedade, deixando de lado os desejos egoístas. Imagine a chama de uma única vela, que tem o poder de acender dezenas de milhares de outras. Você risca um fósforo e a acende, e essa chama pode se espalhar a centenas, milhares e até milhões de outras velas.

A essência do amor que dá é comparável à chama dessa vela. Se você deixar a sua luz interior se acender, ela acenderá outras. Assim como a chama da primeira vela não diminui ao acender outras, o amor é inesgotável. Quanto mais amor você dá, mais ele aumenta. Com isso em mente, esforce-se para ser a primeira chama que acenderá outras velas, outras tochas. Lembre-se, a sua felicidade interior pode levar os outros à felicidade. Essa ideia é central na doutrina da Verdade da Happy Science.

3. Empreender a viagem que levará a felicidade a toda a humanidade

1. A descoberta de um grande amor

Neste capítulo, eu gostaria de falar sobre alguns dos princípios básicos nos quais se baseia a Happy Science. Sempre insisti na importância de lançar fundamentos sólidos: "Construir o alicerce antes de erigir os pilares"; "Consolidar a parte interna antes de se expandir." Eram esses os *slogans* que eu costumava transmitir aos participantes.

Também nas palestras, dizia claramente que, nos estágios iniciais das atividades da Happy Science, eu queria me dedicar a criar um fundamento sólido. Por isso preferi limitar o número de membros a fim de garantir certo padrão de aprendizagem.

Depois de construir uma base sólida, você vai iniciar suas atividades e, nesse processo, o tema mais importante é a descoberta de um grande amor. Há muito tempo que se fala no amor das mais diversas maneiras, e é provável que você aceite sem questionar que ele é uma coisa maravilhosa. Examinemos a ideia do amor, ideia que envolve não só o afeto entre duas pessoas, mas também um sentimento superior. Peço-lhe que reflita sobre o amor de Deus, um amor sagrado que manifesta a luz divina. Na realidade, o amor assume muitas formas distintas. Embora isso não seja visível, ele viaja pelo mundo – pelo coração e a mente das pessoas que aqui vivem – como se fosse o sangue circulando em Deus. É importante descobrir esse grande amor. Significa estar desperto para o fato de que, embora vivamos através de uma infinidade de ciclos de reencarnação, nós temos a sorte de viver na presença do amor nesta era particular, o início do século XXI.

Geralmente, achamos perfeitamente normal o fato de viver nesta época na Terra, com pessoas à nossa volta, mas é preciso ter consciência de que isso é um privilégio enorme. A capacidade de perceber a presença do amor é importantíssima, e descobrir que nos foi concedido viver através do grande amor de Deus será a base de um novo princípio de ação. Essa consciência é o ponto de partida da gratidão; então, o passo seguinte será corresponder ao favor que nos foi dado. Se estivermos conscientes desse grande amor ou o tivermos descoberto, devemos traduzi-lo em atos de amor e expressar amor nas relações com as outras pessoas.

Não basta encontrar amor no coração dos demais ou no nosso próprio. Devemos ter por meta descobrir a obra de Deus, ver como a mão de Deus se expressa em forma de amor. Partindo da consciência do grande amor que nos permitiu viver no planeta Terra nesta época em que a Verdade está sendo revelada, eu desejo propor um novo conjunto de princípios de ação.

2. O avanço da luz

Se cada um de nós viver plenamente cada dia, como um emissário da luz, aprimorando-se e emitindo luz, a soma total do esforço de todos vai possibilitar um grande avanço da luz. Assim, ao considerar um conjunto de princípios que orientam as nossas atividades, devemos cuidar para que o rastro que deixarmos atrás dos nossos passos realmente emita luz.

Como viajantes trilhando o caminho da luz, o que devemos almejar? Que tipo de visão devemos ter? O que podemos esperar? Ao considerar tais questões, convém lembrar que esta viagem não visa apenas a nos beneficiar. O destino é o palácio onde reside Deus, e compete a nós percorrer a estrada ampla e sagrada que leva para lá. Diante de nós, abre-se uma vereda longa e reta, e é preciso continuar trilhando-a sem parar nem retroceder.

No entanto, os seres humanos se deixam desviar facilmente pelos desejos egoístas, pelo afã de realizar esperanças e aspirações mesquinhas. Tendemos facilmente a manifestar as nossas metas pessoais. O termo "autorrealização" pode implicar a realização de uma visão magnífica, mas também pode se restringir à concretização dos nossos desejos pessoais. Quando a palavra é usada no sentido de manifestar desejos egoístas, o significado original acaba ficando sumamente estreito. Se considerarmos a nossa jornada uma jornada de luz, não podemos nos apegar a objetivos pessoais, temos, isto sim, de almejar a realização do grande objetivo.

Ora, que tipo de autorrealização há de criar uma jornada de luz? Eu tenho ensinado reiteradamente, na Happy Science, que se trata de realizar o nosso desejo de servir a Deus, como um instrumento. Não podemos esquecer isso nunca. No futuro, é possível que você venha a ser palestrante ou líder de um dos templos locais. Mesmo que isso aconteça, não se sinta jamais glorificado, continue sendo humilde e conserve o forte desejo de atuar como instrumento de Deus, de ser a ponta de um de seus dedos.

Aliás, os chamados "anjos da luz" começaram a se reunir na Happy Science. Entretanto, mesmo que você tome consciência de que é um deles, não seja arrogante nem presunçoso. Quanto mais nítida for a sua consciência de que é um anjo da luz, mais humilde você deve ser. Quanto mais abençoado for, tanto mais lhe será exigido no serviço de Deus.

Quem vive preocupado com a própria situação com relação às outras pessoas, seja ela superior ou inferior, não está ajudando a Deus. É o que eu insisto em lembrar aos futuros líderes. Não se julgue glorioso por ser líder; não esqueça que você é um voluntário, um servidor contribuindo com o grande avanço da luz de Deus.

3. Continue avançando, nunca retroceda

A partir do momento em que tomamos o grandioso caminho da participação na realização da vontade de Deus, envoltos na sua grande compaixão, todos os nossos atos devem refletir esse compromisso. Nisso não há incerteza e não pode haver hesitação.

Avance, nunca deixe de avançar nesse caminho. Uma vez removidas todas as ambiguidades, não há outro rumo a tomar a não ser seguir em frente. É possível que você tropece em dificuldades e obstáculos no caminho, talvez encontre pessoas que se recusem a aceitá-lo. Todavia, não tente discutir com elas, não as critique. Também não há necessidade de concluir que estão erradas simplesmente porque não concordam com você no momento.

Nós formamos um grande rio de amor. Cada um faz parte desse rio que corre com uma força tremenda. Sejam quais forem os obstáculos interpostos no caminho – barreiras, pedras ou árvores tombadas –, a torrente passa por elas e continua avançando. Como a água irrefreável passa por qualquer obstáculo e segue o seu caminho até o mar, avancemos com o vigor de um caudaloso rio de amor, de uma torrente de intenções positivas.

As obstruções não são desculpa para não prosseguirmos. Temos de superar os obstáculos e, se por vezes eles parecem insuperáveis, precisamos aprender a passar por baixo deles ou a contorná-los. Desse modo, ao avançarmos como uma torrente de amor, não haverá mal nem inimigos que nos impeçam a passagem. Os inimigos surgem da perspectiva que nos distingue dos demais; em outras palavras, do sentimento de separação. Na perspectiva do absoluto, o amor não tem inimigos. Quando a energia positiva do amor envolver todos os seres, os inimigos e o mal deixarão de existir.

Se você for obrigado a enfrentar adversários, entenda que é porque não tem amor suficiente. Toda vez que encontrar alguém que pareça se opor a você, saiba que o seu amor não é suficientemente profundo. Se quisermos envolver todas as pessoas com um amor muito maior, como o amor de Deus, temos de saber que não existe mal nem inimigos. Sigamos adiante com base nessa grande perspectiva.

4. Hora de transcender a barreira entre o eu e os outros

Outra ideia importante que devemos recordar é a de transcender a barreira que separa o "eu" dos "outros". O fato de termos nascido nesta Terra na época atual significa que cada um e todos têm uma grande missão a cumprir. Quanto a isso, não há a menor dúvida. Todos foram incumbidos de uma grande missão.

Uma coisa importante a ter em mente é que você não deve se julgar separado das outras pessoas. No mundo celestial também há diferenças. Há espíritos superiores com uma diversidade de personalidades e filosofias e ideias distintas. Embora essas diferenças provenham da variedade de individualidades, o propósito dessa diversidade de caracteres é fundir-se e criar uma grande obra de luz, não criticar ou rejeitar o outro. Por esse motivo é tão importante estar empenhado em transcender as diferenças entre você e as demais pessoas através da prática do amor, através de atos de amor e do avanço do seu amor.

Eu lhe peço que pense profundamente em como ultrapassar o muro que existe entre você e as outras pessoas. Reflita sobre si diariamente a fim de examinar o que lhe passou pela mente no decorrer do dia, veja se você não esteve pensando exclusivamente nos seus interesses. Verifique se não passou o dia preocupado com a sua felicidade ou infelicidade pessoal. Verifique se as frases que lhe ocorreram começavam com "eu" ou "meu".

Uma das ideias mais importantes do budismo – os três selos do Darma – é a da abnegação, a da renúncia ao ego; ela implica que a lei de Deus governa todo o Universo sem o menor estorvo. Ela penetra no Universo todo sem nenhuma dificuldade. Sua energia, a energia do amor, circula no Universo sem nenhum obstáculo.

Com essa verdade em mente, aqueles que vivem preocupados com os próprios interesses, comparando-se constantemente com os outros ou tendendo a criticá-los, devem reconsiderar o seu modo de ser. Os que desenvolveram um estado espiritual avançado podem vivenciar momentos em que o dia transcorre agradavelmente, sem pensar em si mesmos. Eu quero que você preserve esses momentos que passam cheios de lucidez, como uma torrente cristalina que corre sem cessar.

5. Sete declarações pela felicidade

Para concluir este capítulo, eu gostaria de fazer sete declarações pela felicidade. É desnecessário dizer que o seu objetivo é levar a felicidade ao conjunto da humanidade, assim como a cada indivíduo. Elas servirão de bandeira para assinalar o nosso avanço de luz. As sete declarações são as seguintes:

1ª declaração: a busca da Verdade
Pela felicidade da humanidade, nós nos esforçaremos para atingir a meta de buscar a Verdade completa e profundamente.

2ª declaração: o estudo da Verdade
Pela felicidade da humanidade, nós nos comprometemos a estudar a Verdade completa e profundamente.

3ª declaração: a difusão da Verdade
Nós nos comprometemos a dedicar toda a nossa energia à divulgação da Verdade a muitas pessoas.

4ª declaração: a realização do amor
Nós nos comprometemos a descobrir o grande amor e a viver, diariamente, para realizá-lo.

5ª declaração: a criação da felicidade
Nós nos engajaremos na prática real da criação da felicidade, não só dos que vivem atualmente, mas também dos que virão depois de nós.

6ª declaração: o desenvolvimento da humanidade
O nosso principal objetivo é o desenvolvimento da humanidade como um todo.

7ª declaração: a construção da utopia na Terra
O nosso objetivo supremo é criar a utopia na Terra e transformar o mundo celestial das quatro e mais dimensões num mundo ideal. Em outras palavras, vamos nos empenhar em mudar todo o mundo criado por Deus numa utopia.

Orientando-se pelo que eu disse até agora, peço-lhe que continue avançando. Eu mesmo dedicarei todo o meu tempo e toda a minha energia à realização do nosso grande objetivo; peço que você também pense com cuidado no tipo de contribuição que pode dar, empregando o tempo que lhe cabe. Não se contente apenas em ouvir os outros ou com eles compartilhar experiências que lhe toquem a alma, mas reflita cuidadosamente sobre como explicar as experiências que você teve e que iluminaram a sua alma e compartilhe a sua sabedoria com os demais. Eu quero que você continue avançando, começando pela determinação de buscar o correto coração e de seguir praticando os Princípios da Felicidade, seguindo constantemente os três passos que consistem em pesquisar a Verdade, estudar a Verdade e divulgar a Verdade aos outros.

4: O ponto de partida da fé

1. Um encontro com Deus

Neste capítulo, eu quero falar sobre a fé. Um tema importante em qualquer discussão sobre a fé é o encontro com Deus. Esse encontro é o momento mais solene e sagrado da vida. É provável que, desde menino, você venha encontrando objetos religiosos como crucifixos ou imagens de Buda. Possivelmente, pensou até agora que a religião lidava com o que existia fora de você, fora da sua janela, do outro lado da cortina.

No entanto, em algum momento da vida, a todos nos é dada a chance de um encontro com Deus. Pode ser por meio da experiência do fracasso ou de um desgosto profundo; a deixa pode ser uma doença grave, a dificuldade para arranjar emprego, uma decepção amorosa ou talvez um casamento terminado em divórcio. Todas essas experiências podem parecer reveses na jornada da vida, no nosso processo de aprimoramento, mas esses também são os momentos que nos permitem refletir profundamente, momentos de retorno a Deus.

As dificuldades, os problemas, os fracassos e os infortúnios geralmente são vistos como coisa negativa. Mas não é inteiramente certo encará-los desse modo. No fracasso, você também encontra as sementes do sucesso; na tristeza, as sementes da alegria. Eu creio realmente que é importante olhar de modo diferente para esses reveses aparentes.

As pessoas que veem o mundo pela perspectiva do dualismo – em outras palavras, que julgam as situações como boas ou más – provavelmente hão de indagar: "Se Deus existe, por que há tanta desgraça e tanta tristeza no mundo?" Perguntam por que há tanta miséria e tanto sofrimento na vida, por que elas são obrigadas a viver a dor de enfrentar a morte, a separação dos entes queridos, a pobreza.

A existência está repleta de dor e tristeza, mas estas não existem por si sós. Aliás, o que parece ser dor ou tristeza muitas vezes é a expressão disfarçada do amor divino. O budismo às vezes descreve o sofrimento da vida como medidas oportunas que levam as pessoas à iluminação. As provações são como uma pedra de amolar para polir a alma, e é através das provações que se prepara o encontro com Deus.

Se tudo corresse bem e a gente não tivesse problemas sérios na vida – se cada um crescesse com muita saúde, fosse bem na escola, ingressasse numa universidade razoavelmente boa, arranjasse um ótimo emprego, tivesse um casamento feliz e uma família maravilhosa, envelhecesse tranquilamente e, enfim, morresse em paz – provavelmente seriam mínimas as chances de viver o encontro supremo. Na realidade, porém, em algum ponto da existência todo mundo vive um fracasso e todo mundo passa noites de insônia. É bem possível que você já tenha perdido o apetite devido a uma experiência dolorosa ou passado noites em claro, às voltas com uma dor ou uma grande ansiedade.

A questão, pois, é como encarar os problemas da vida, como avaliá-los e como reagir a eles. Ao enfrentar a dificuldade ou a dor, a ansiedade ou o sofrimento, você vê essas coisas como manifestações do mal? Maldiz o mundo, o céu e as outras pessoas? Ou consegue perceber nas dificuldades um estímulo para ser uma pessoa melhor? Consegue encará-las como uma expressão do amor divino? São duas maneiras completamente diferentes de enxergar as mesmíssimas circunstâncias.

Você pode ter provado a dor ou a tristeza, assim como o sucesso inesperado. Pode ter tido a sorte de conhecer o seu futuro esposo ou esposa no momento em que menos esperava ou, talvez, depois de um prolongado período de esperança frustrada, tenha tido o prazer da chegada de um bebê. Quando já havia perdido a esperança de ser promovido no emprego, quem sabe não teve a deliciosa surpresa de ser escolhido para um cargo de chefia. Esses sucessos inesperados e quase inacreditáveis também lhe dão a chance de um encontro com Deus, pois em tais momentos de alegria, queremos expressar a nossa gratidão ao poder que nos proporcionou o sucesso.

A vida está repleta de oportunidades de encontro com Deus, porém muita gente carece de sensibilidade para reconhecer esses momentos. Eu desejo sinceramente que, tanto nos períodos de tristeza quanto nos de alegria, você tenha a boa sorte de se encontrar com Ele. Esse é o primeiro passo rumo a uma perspectiva superior na vida.

2. Seja puro de coração

Você pode se perguntar como é possível encontrar a consciência suprema através das suas diversas experiências na vida. Na Bíblia, há uma frase do Sermão da Montanha que explica claramente o caminho do encontro com Deus: "Bem-aventurados os puros de coração, porque verão a Deus" (Mt. 5, 8). Há muito que essa frase é uma fonte de conforto para os cristãos. Há 2 mil anos que eles acreditam nessas palavras de Jesus Cristo e se esforçam para ser puros de coração para poder ver a Deus.

"Bem-aventurados os puros de coração, porque verão a Deus." Essa mensagem, por mais simples que seja, é importantíssima. O que eu quero dizer é que, refletindo sobre os seus pensamentos e purificando-os, você pode remover as impurezas que lhe obscurecem a alma. Pois será inundado pela luz do céu e poderá se sintonizar com as vibrações do mundo celestial. Se fizer isso, você conseguirá se comunicar com os seus espíritos guardiões e orientadores. Esse método é absolutamente correto e o estado mental que você vivenciar, como resultado dessa prática, será exatamente o que Jesus ensinou há 2 mil anos em Israel. "Bem-aventurados os puros de coração, porque verão a Deus." Jesus tinha razão. Na Happy Science, eu prego a meditação autorreflexiva para atingir o mesmo objetivo. Como ser puros de coração? Tratando de pôr nos eixos os pensamentos errados. Se você tiver pensamentos que não agradariam a Deus, trate de refletir e corrigi-los; se tiver feito algo errado, peça perdão e arrependa-se sinceramente desse ato.

Os seres humanos tendem a cometer erros e enganos, mas isso não é desculpa para não fazer nada por medo de errar. Justamente por sermos passíveis de cometer erros é que nós devemos procurar o modo certo de viver através da autorreflexão e, com o auxílio da oração, tentar corrigir os nossos pensamentos e atos errôneos. No seu esforço para viver a vida certa, lembre-se das palavras de Jesus: "Bem-aventurados os puros de coração, porque verão a Deus."

No mundo atual, muitos parecem viver de acordo com a sua visão pessoal da vida. Eu me pergunto quantos conseguem ver a importância de ser puro de coração. Imagino que não há de ser mais do que um em cem. Se você perguntar às pessoas na rua: "Você se esforça para viver com o coração puro?", é muito improvável que a resposta delas seja "sim". Num domingo, se você detiver um cristão que está voltando da igreja, pode ser que a probabilidade aumente, mas basta retornar à vida cotidiana para esquecer facilmente esse ideal.

Eu o estimulo a ser puro de coração e a aprimorar o coração. Se você se esforçar para ser puro de coração, pode ser que tenha experiências misteriosas e passe a sentir a existência de Deus. Pode ser que presencie milagres.

3. Combatendo o desejo de autopromoção

Eu gostaria de examinar por outro ângulo a importância da experiência de ser puro de coração. Na qualidade de membro da Happy Science, o seu objetivo supremo deve ser tornar-se um *bosatsu* ou anjo da luz. É verdade que esse tipo de autorreconhecimento serve para motivá-lo a subir, passo a passo, a um objetivo superior. Entretanto, ao longo do caminho, também há o perigo de esse tipo de compreensão capturá-lo numa armadilha e degradá-lo.

No capítulo anterior, eu falei acerca do perigo da presunção, pois ela é o principal motivo pelo qual buscadores mais disciplinados se extraviam. Se você estiver recebendo o reconhecimento que acha que merece, a atitude correta é aceitá-lo com humildade e ter ainda mais empenho em se aprimorar. Todavia, ao receber manifestações de reconhecimento pelo trabalho que fizeram, algumas pessoas não só acham isso muito natural como esperam mais elogios. É a reação típica dos presunçosos: quanto mais recebem, mais querem receber.

Quanto mais importante for a sua missão, maior é a responsabilidade que lhe pesa nos ombros. Quanto mais elevada for a sua posição, tanto mais cautela você precisa ter ao refletir sobre si e com mais humildade deve proceder. Desse modo, conseguirá alcançar uma grande estatura. Nunca se satisfaça com sucessos pequenos. Combata permanentemente o desejo de se autopromover – o desejo de parecer melhor do que você realmente é ou de mostrar aos outros o quanto trabalha e o quanto é maravilhoso.

No entanto, o desejo de sucesso é um dos desejos humanos mais básicos, e aspirar ao sucesso numa causa digna é uma forma de desejo. Se a humanidade não tivesse a ambição de ser bem-sucedida nem aspiração a ideais superiores, nenhuma civilização e nenhuma cultura floresceriam na Terra. Contudo, o desejo de alcançar ideais mais elevados muitas vezes gera problemas de autopromoção.

Pela perspectiva da Verdade, por que a autopromoção é um problema? Vale a pena considerar essa questão. O problema da autopromoção se relaciona com a ideia de posição relativa. Mentalmente, você degrada os outros a uma posição inferior, por isso tem a sensação de que a sua está melhorando. O prazer de assumir uma posição superior pode se transformar facilmente no falso orgulho de olhar para os demais de cima para baixo. Porém, se a situação se inverter, você ficará infeliz por ter sido privado do seu *status*.

Quem se preocupa com a sua posição com relação à dos outros, se acha muito longe do estado de felicidade absoluta, da devoção total e da fé em Deus. Não só se sente desligado das outras pessoas como não deseja a felicidade delas. Estas são as características das pessoas que têm o desejo de autopromoção. No fundo, elas não querem a felicidade dos outros, só desejam ser admiradas. Enfim, querem tirar amor dos outros, são uma espécie de vampiros espirituais.

Dar amor é o caminho do aprimoramento espiritual, portanto, caso você prive os outros de amor, não está no caminho da iluminação. Sendo um buscador, você deve plantar rosas ao longo do caminho em vez de colher as flores que os outros semearam. Continuando com esta analogia, aqueles que têm muita necessidade de se autopromover parecem colher todas as flores que orlam o caminho para se enfeitar e usá-las na lapela.

O modo correto de viver com base na Verdade consiste em espalhar sementes, plantar bulbos e criar flores onde não existem. Ali onde você espalhar sementes e plantar bulbos, desabrocharão flores após a sua passagem. Talvez você não chegue a vê-las, pode ser que somente os que vierem depois tenham oportunidade de fruí-las. Entretanto, o procedimento do buscador consiste em seguir semeando e plantando, ainda que os outros ignorem o seu esforço. Ele não deseja se autopromover. Eu lhe peço que verifique se você está tentando colher flores para se enfeitar ou se está se esforçando para espalhar sementes para os que virão depois.

4. Complexo de inferioridade e amor

Vamos examinar o complexo de inferioridade que está por trás do desejo de autopromoção. Todos têm um tipo ou outro de complexo de inferioridade, e há dois modos de reagir a ele. O primeiro, resultante de feridas profundas, é ficar preso a um círculo vicioso que não faz senão gerar mais infelicidade. O segundo consiste em usar o sentimento de inferioridade como trampolim para abrir caminho para o futuro, como fazem os que se esforçam por um sentimento de plenitude.

No entanto, independentemente da maneira como as pessoas reagem, aquelas que sofrem de complexo de inferioridade têm feridas abertas dentro de si e não sabem o que é paz interior. O complexo de inferioridade provém da sensação de não ter recebido o suficiente. Em consequência, essa gente experimenta uma sede de amor muito mais forte do que aqueles que não têm complexo de inferioridade; o amor é o remédio que cura todas as doenças, é a fonte que cicatriza as feridas de qualquer coração. Essa é a natureza do amor.

Vê-se que uma característica importante do amor é tratar igualmente a todos os indivíduos; é dar a todos sem discriminação. A essência do amor consiste em encontrar a luz em todos e em tudo, em apreciá-la e louvá-la. Com amor, a gente é capaz de encontrar coisas prodigiosas nos menores insetos, nas flores, em todos os seres, e é capaz de admirá-los. Com amor, a gente consegue encontrar a natureza divina que irradia luz em todas as pessoas.

O amor serve para curar e eliminar o complexo de inferioridade que pode nascer enquanto vivemos a nossa existência terrena. O amor é a manifestação do desejo de dar. Como eu insisto em dizer, a essência do amor se acha no dar continuamente sem nada esperar em troca.

Caso você sofra devido a um complexo de inferioridade, é provável que esteja excessivamente ocupado com o desejo de receber amor. Se lhe parece que isto se aplica a você, é importante deixar de pensar em si mesmo e refletir profundamente sobre a importância de dar amor sem nada esperar em troca. Entenda que ideias como "já que eu trabalhei muito, tenho o direito de receber uma quantidade equivalente de reconhecimento", ou "já que eu fiz muito por aquela pessoa, ela devia me amar" refletem um modo equivocado de pensar.

A essência do amor consiste em dar continuamente sem nada esperar em troca. É seguir semeando e plantando mesmo flores que você não chegará a ver. Se, olhando à sua volta e vendo gente que sofre devido ao complexo de inferioridade, você descobrir que também tem esse complexo, procure entender o quanto é importante dar amor. Abra os olhos para o poder do amor a fim de curar as feridas no coração das outras pessoas. Quanto mais profundo for o seu complexo de inferioridade, mais claramente você deve entender que não há amor suficiente neste mundo.

Continue espalhando sementes e plantando bulbos para o deleite dos outros. Assim fazendo, você vai compreender que a essência do amor consiste em atos generosos que enriquecem os demais. Não espere nada em troca, pois, assim que esperar uma recompensa, o amor que você dá morrerá. Assim que esperar algo em troca, as sementes que você espalhou e os bulbos que plantou murcharão. Nunca espere nada em troca.

5. O ponto de partida da fé

Eu gostaria de encerrar este capítulo com algumas ideias sobre o ponto de partida da fé. Com a discussão acima – sobre temas como o encontro com Deus, a pureza de coração, o desejo de autopromoção e o complexo de inferioridade –, minha intenção foi explicar que o ponto de partida da fé é reconhecer que você é imperfeito. Quem se julga infalível e está satisfeito consigo da maneira que é tem pouca chance de despertar para a fé.

Ninguém é perfeito. Nós somos imaturos, cheios de imperfeições e defeitos. Mas a percepção do nosso estado atual nos levará a uma ordem superior de entendimento. Porque somos imperfeitos, podemos continuar aspirando a ideais superiores. Esta é a força que desperta a fé em nós.

Quanto menos perfeitos nos acharmos, tanto maior há de ser o despertar do nosso amor por Deus, que é perfeito e imaculado. Ele se expressa em ideais, portanto, amar ideais é amá-lo.

O ponto de partida da fé é refletir profundamente sobre si mesmo com humildade, e nessa humildade você encontrará o caminho que finalmente levará a Deus. Não desista dessa meta, por mais miserável e desesperançada que a sua situação lhe pareça, por mais sobrecarregado que você esteja de complexo de inferioridade ou de ansiedade. Apesar dos seus defeitos, você é criação Dele, e a sua natureza essencial não é diferente da Dele. Ter fé significa esforçar-se para avançar rumo ao grande ideal de achar o seu verdadeiro eu. Para viver uma vida de fé, é essencial ter ideais, e os ideais que você adotar devem ser os mesmos de Deus.

Ficar face a face com a sua própria imperfeição o motivará a aspirar à perfeição. Essa disposição é a força motriz da fé; dá o poder de desenvolver o seu próprio eu e, ao mesmo tempo, estimula os outros a crescer.

Quando você estiver estudando a Verdade, eu lhe peço que se lembre do ponto de partida da fé, do ponto de partida da viagem para Deus, e que se aproxime dele diariamente, com passos decididos. Seja puro de coração e repleto de amor.

5: Na primavera

1. A estação da paciência

Quando chega a primavera, um brilho especial permeia os campos e as montanhas; em toda parte, ouve-se o canto dos pássaros. É como se essa estação quisesse nos dar uma lição sobre o palpitar da vida, assim como as diferentes estações da existência humana. O que será que as pessoas acham do fato de a primavera chegar todo ano pontualmente? O fato de ela chegar todo ano e nunca se atrasar revela a grande compaixão de Deus. Quando sinto o sopro da primavera, sinto o sopro de Deus. É Ele nutrindo tudo o que está prestes a crescer; é o Seu estímulo aos que estão avançando rumo ao sucesso.

Acho que na primavera há uma fonte de coragem e esperança, uma fonte de poder. Nela eu encontro o ponto de partida de um grande salto para o futuro. Na energia vibrante da primavera que nos é dada pela graça de Deus, temos de saber apreciar ao máximo a vitalidade da natureza.

Entretanto, a energia vibrante da primavera não vem sem um preparo anterior. Antes dela, são inevitáveis os meses de inverno rigoroso. O inverno é a estação da paciência. Do mesmo modo, nós passamos por períodos de sofrimento na vida, mas não se trata de sofrer por sofrer. Trata-se apenas do pano de fundo que realça os sinais da primavera.

Imagino que muitos dos que leem este livro estão às voltas com preocupações e desgostos de algum tipo, ou melhor, que a maioria tem por que se preocupar. Qual é a origem dessas aflições? O motivo fundamental é a falta de confiança. Confiança em quê? É devido à sua falta de confiança em si, de confiança nas outras pessoas e de confiança em Deus que surgem as preocupações e os problemas.

Agora eu vou lhe fazer umas perguntas. Por que você faz tanta questão de sempre prever acontecimentos ruins? Por que vive achando que vai fracassar? Por que espera que as pessoas o traiam? Por que pensa que Deus não faz senão coisas contrárias aos seus desejos? Por que alimenta uma visão tão sombria da vida e, assim, trai a si mesmo, aos demais e também a Deus? Que felicidade essa perspectiva tão negativa pode lhe proporcionar?

Mesmo quando os outros têm a impressão de que você está passando por um período de paciência ou quando você mesmo sente isso, geralmente é por causa da sua falta desses três tipos de confiança. Se tivesse confiança total, não haveria por que se preocupar e você não sofreria.

NA PRIMAVERA

Eu gostaria de fazer as seguintes perguntas a quem sente dor: Você confia em si mesmo? Confia nos outros? Confia em Deus? Talvez lhe faltem esses três tipos de confiança. Neste caso, convém refletir sobre si mesmo para tomar consciência das suas atitudes básicas. Sem confiar em si mesmo nem nos que você encontra na jornada da vida e, acima de tudo, sem confiar em Deus, como você espera alcançar a felicidade?

Peço-lhe que desenvolva mais autoconfiança. Tendo esses três tipos de confiança, como pode surgir uma situação ruim? Se você estiver enfrentando um período de padecimento, só pode ser porque não acredita que a vibrante estação primaveril o aguarda. Acaso acha que as pessoas estão neste mundo unicamente para prejudicá-lo? Acha que Deus só existe para puni-lo? Acha que você veio a este mundo só para fracassar? Não pode ser.

Se você for um dos que julgam que estão enfrentando o inverno frio e agreste, precisa refletir sobre as suas atitudes, concentrando-se nos três pontos de verificação. Em primeiro lugar, comece por acreditar firmemente que você é filho de Deus. Ele vigia o mundo em que seus filhos convivem.

O que o preocupa? Por que tanto medo de fracassar? Por que prever dificuldades financeiras? Por que achar que as pessoas zombam de você? Por que não pensar que uma grande honra e muita admiração o aguardam mais adiante? Se você levar a vida de acordo com a vontade de Deus, não haverá provações nem sofrimento do ponto de vista espiritual. Julgar-se às voltas com esse tipo de dificuldades é o mero resultado do seu pensamento negativo. Isso não passa de ilusão. O fato de lhe faltar confiança significa que você esqueceu que vive num mundo criado por Deus e não consegue crer nessa verdade.

Você acredita que este mundo foi criado por Deus? Se acreditar, tem de começar a confiar em si mesmo, pois você é filho de Deus, e deve acreditar nas outras pessoas, que também são filhas Dele. Acima de tudo, você deve acreditar Nele. Se o fizer, a estação da paciência chegará ao fim e, em seu lugar, um hino de louvor à Sua energia vital surgirá com o palpitar da primavera.

2. A torrente da força vital

Eu disse que a estação da paciência não passa de um período em que falta confiança. No entanto, ao mesmo tempo, não devemos nos contentar com um estado passivo de simplesmente confiar em nós mesmos, nos outros e em Deus. Não devemos ficar em estado de passividade, meramente esperando que aconteça alguma coisa boa.

Quando a primavera chegar, veja com que alegria os passarinhos cantam, com que energia as crianças brincam. Até as abelhas parecem cantar. Os cães e os gatos se mostram mais felizes, e os outros animais dão a impressão de sorrir. A relva e todas as plantas começam a crescer, repletas de energia vital. Por que os rios ficam tão bonitos na primavera? Por que os peixinhos se põem a nadar com tanta graça? Tudo isso acontece graças à luz do sol tão quente na primavera. A luz do sol simboliza a energia vital, a energia da compaixão.

Todavia, nós não devemos ficar esperando as boas notícias chegarem. Quando você achar que chegou a primavera, una-se à grande torrente de energia vital e siga avançando até o mar. Você precisa viver corajosamente em meio ao jorrar da força vital.

Na estação da paciência, há um período em que é preciso esperar, apenas esperar, mas enfim ele passa. Então o necessário é saber que chegou a hora de tomar uma decisão e agir.

Eu expliquei acima que, quando o tempo é de confusão, convém tratar de manter o *statu quo*. Mas isso não quer dizer ficar na indecisão. Significa que, em vez de agir precipitadamente, convém esperar um pouco e acumular energia. Quando chega a primavera, as cerejeiras florescem e todos os seres vivos se põem em movimento. O que estou querendo dizer é que você deve acumular energia do mesmo modo, tranquila e constantemente por baixo da camada de neve.

O inverno não dura eternamente. Um dia chega ao fim. Você não deve continuar preso a ele. Não pode passar o tempo todo pensando na neve. Quando a primavera chegar, tire o casaco de inverno. Livre-se do agasalho pesado e vista roupa leve. Não estou me referindo apenas à aparência externa, mas também ao estado do coração. Assim como você tira o grosso casaco de inverno e põe roupa leve, por que não se livrar do fardo pesado e tratar de se alegrar? Por que não esperar que uma coisa maravilhosa aconteça? Por que pensar somente nas dificuldades?

Após o estágio de manter o *statu quo* vem o de tomar decisões e empreender a ação decisiva. Afinal, os indecisos são os que preveem coisas ruins no futuro e sofrem antecipadamente. A força capaz de destruir esse sofrimento desnecessário é o poder da fé, o poder da crença num porvir repleto de esperança. Nada é impossível para quem acredita que um caminho vai se abrir. Só há possibilidades. Vai chegar o tempo em que você terá de se levantar e, tornando-se um gigante altíssimo, abrirá caminho corajosamente com um machado de ouro nas mãos. Essa é a primavera da sua vida.

Primeiro, olhe para si mesmo e procure ver o potencial de desenvolvimento que cresce dentro de você, como rebentos prestes a florescer. Mesmo no inverno, os botões das flores continuam a crescer silenciosa mas constantemente. Escondidos pela neve, os botões da flor de ameixeira seguem crescendo e preparando-se para desabrochar, os da cerejeira já estão começando a se desenvolver apesar do frio. Se as árvores são capazes disso, você também deve acumular energia suficiente, de modo que os brotos do desenvolvimento cresçam, aí dentro, antes mesmo do início da estação do florescimento.

É necessário averiguar se você está armazenando bastante energia para dar felicidade a si mesmo e para o conjunto da humanidade no futuro. Verifique se está realmente decidido a transformar este mundo numa utopia e se está armazenando energia suficiente para atingir esse grande objetivo. Quando uma abundância de força tiver se acumulado dentro de você, é inevitável que ela transborde. Se os rebentos tiverem começado a brotar nos ramos da árvore, continuarão crescendo e, com o tempo, desabrocharão totalmente. Quando chegar o tempo certo, isso acontecerá. Antes da época de florescer, prepare o suficiente dentro de si. Ao ver os botões se desenvolverem, faça o possível para estimulá-los a crescer mais e mais. Quando eles começarem a se abrir, garanta primeiramente que desabrochem um pouco, depois até a metade e, enfim, totalmente. Desse modo, trilhe corajosamente o caminho do desenvolvimento, passo a passo, com ânimo e alegria.

3. A comprovação da sabedoria infinita

Quero lhe contar uma coisa que certamente há de estimulá-lo: todos nós temos um canal dourado que leva a Deus. Enfrentamos a aflição e a tristeza porque pensamos que cada ser humano é um indivíduo isolado; que não temos vínculos com os outros e vagamos sem rumo como as folhas na água. Todavia, quando tomamos consciência de que esse ducto dourado existe dentro de cada um de nós e se estende à infinidade e ao reino de Deus, todos os temores se desvanecem.

Não espere nada dos outros nem do seu meio. Não espere que os outros façam as coisas por você ou que o ambiente se altere para beneficiá-lo. Pelo contrário, olhe para o seu próprio interior e tente descobrir o canal dourado escondido aí dentro. É um caminho que se estende por grandes distâncias e leva a Deus. Por esse canal flui uma enorme quantidade de energia e de sabedoria infinita.

Não precisa procurar a força no exterior, procure-a dentro de você. Se a sabedoria infinita de Deus lhe for concedida, que problemas, dores ou dificuldades você pode ter? Se você for membro da Happy Science, eu lhe recomendo a prática diária de reservar um tempo para serenar, concentrar o pensamento e recitar o "Darma do Correto Coração", o nosso sutra mais fundamental. Então a sabedoria infinita jorrará em grande abundância dentro de você. Esse Darma foi escrito com palavras carregadas da energia que provém diretamente da força vital de Shakyamuni Buda. É uma manifestação da sabedoria desse grande universo. A luz da sabedoria, o tesouro da espécie humana, chega até você pelo seu canal dourado. Se um Darma de tal modo precioso está ao seu dispor, procure se conectar com a sabedoria infinita por intermédio dele.

Desse modo, sem buscar força nos outros nem no ambiente externo, você conseguirá abrir caminho com a sua própria força. Não se perca em pensamentos confusos nem se deixe absorver por leituras inúteis; pelo contrário, desperte para a sua própria sabedoria interior. Para orientá-lo, eu criei o "Darma do Correto Coração". De certo modo, os numerosos livros que publiquei visam ajudá-lo a entender mais profundamente esse Darma. Assim, to-

NA PRIMAVERA

mando esses livros como referência para auxiliá-lo na compreensão da Verdade, eu lhe peço que pratique a meditação com o "Darma do Correto Coração" sempre ao seu lado. Tenho certeza de que lhe será dada infinita sabedoria e a grande luz da esperança. Com a esperança luminosa, desfrutemos o palpitar da primavera que se inicia.

6: A natureza da coragem

1. O que é coragem?

Neste capítulo, eu gostaria de discutir a coragem. Desde os tempos mais remotos, define-se a coragem como a força de enfrentar as dificuldades e abrir novos caminhos; ela costuma ser vista como a força motriz da realização das grandes obras. Aliás, por mais que você aspire a algo significativo neste mundo, sem coragem é impossível alcançá-lo.

Às vezes, se você esperar com muita paciência, pode ser que a maré mude a seu favor, mas as chances de isso acontecer são escassas; geralmente não é assim. Em vez de assumir uma atitude passiva e simplesmente ficar esperando que a roda da fortuna gire a seu favor, é muito mais realístico comprometer-se a avançar com passos firmes e fazer um esforço diário. Se você mantiver essa atitude positiva, o futuro se abrirá à sua frente.

Já que a gente nasceu neste mundo a fim de se aprimorar espiritualmente, por que tomar a iniciativa e viver positivamente? De vez em quando, é útil pensar na cora-

A NATUREZA DA CORAGEM

gem e tratar de averiguar se você está sendo corajoso no presente. Coragem é sinônimo de bravura e resolução interior. A disposição a enfrentar dificuldades é característica dessa qualidade, e muitas vezes ela funciona como um machado de ouro que abre caminho em meio aos espinheiros que se erguem à sua frente.

Em muitos casos, a origem das dificuldades da vida está na sua maneira equivocada de se ver como uma pessoa inclinada a se deixar vencer pelos problemas. Muitas vezes o erro consiste em se identificar com uma imagem frágil de si mesmo que está longe de refletir a sua verdadeira estatura.

O seu verdadeiro eu é essencialmente livre de limitações, e a sua verdadeira capacidade é a mesma de Deus. Os seres humanos são filhos de Deus. Nós somos dotados da mesma capacidade criativa de Deus, muito embora a maioria das pessoas seja cega para essa verdade. Confundem-se a si mesmas com seres limitados, subestimam sua força potencial e confinam sua capacidade em limites estreitos. Quando enfrentam a adversidade, geralmente atribuem o insucesso à falta de capacidade, às circunstâncias ou às relações com os demais.

Se você examinar a sua situação a partir de uma perspectiva mais elevada, compreenderá que a verdadeira causa das dificuldades que o afligem nem sempre se encontram nos fatores externos; muitas vezes, trata-se de falta de força de vontade. Sem força de vontade, é difícil superar a adversidade. Olhe com cuidado e verifique se as outras pessoas ou as circunstâncias são responsáveis pela sua infelicidade ou se ela se deve ao fato de você não ter tomado a iniciativa, de não ter se levantado para abrir a porta.

2. Compaixão e coragem

A seguir, vamos examinar os problemas que podem surgir relativos à coragem e aos atos de bravura, pois a ousadia às vezes prejudica os outros. O tema desta discussão é compaixão e coragem, ou amabilidade e coragem.

Quem é amável tende a não ter coragem. Devido à sua sensibilidade pelos sentimentos alheios, quase sempre procedem tal como as pessoas esperam e tendem a simpatizar com as opiniões dos outros. Por tentarem agradar a todos, os amáveis arriscam sofrer a influência dos mais fortes e acabam perdendo a identidade. No entanto, quem age assim não entende realmente a amabilidade. Embora seja fácil confundi-la com falta de resolução, a verdade é que essas duas qualidades são muito diferentes.

Reexaminemos o verdadeiro significado de "amabilidade" e "compaixão". É realmente amável aquiescer a tudo que lhe pedem para fazer? Claro, se uma pessoa concorda com tudo que você quer, a sua tendência é de achá-la tolerante e gentil. No entanto, é improvável que uma atitude tão transigente o estimule a crescer e melhorar.

Tomemos por exemplo os estudantes universitários. No começo de cada ano letivo, os calouros chegam ao *cam-*

pus cheios de expectativa. Estão satisfeitíssimos porque seu esforço foi recompensado com uma vaga na faculdade.

Há quem ache cruel submeter os vestibulandos a um processo de seleção tão rigoroso e diga que todo mundo que quer estudar devia ter uma vaga na universidade. Sempre houve quem afirmasse que as instituições de ensino deviam oferecer oportunidade de estudo para todos os que desejam estudar. Entretanto, olhando com realismo para o estado atual do curso superior, é inevitável limitar o número de admissões devido ao número também limitado de professores, instalações e outros fatores desse tipo.

É bom ou ruim dificultar o ingresso dos alunos nas faculdades? Parece-me importante avaliar os objetivos da instrução superior. O principal é cultivar a capacidade do estudante de modo que ele venha a dar uma contribuição significativa à sociedade. Diante disso, creio que é justo escolher os candidatos mais qualificados e mais preparados.

Alguns podem protestar, alegando que esse tipo de discriminação é implacável e cruel; esses precisam entender que a verdadeira alegria provém da superação das dificuldades. É impossível aprimorar a alma em circunstâncias fáceis e favoráveis. A sociedade atual é muito competitiva, mas não convém perder de vista o modo como funciona a competição. Trata-se, como eu já disse, de uma espécie de pedra de amolar para polir a alma. Se nos contentarmos com relacionamentos mornos, nos quais cada um "lambe a ferida do outro", a nossa alma não se desenvolverá.

Às vezes é preciso ser severo. Por exemplo, ao ver um aspecto que precisa ser corrigido numa pessoa, você deve alertá-la. Em casos assim, é preciso entender que a censura também pode ser uma expressão de amor. Amar não é fazer tudo o que o outro pede. Se lhe parecer que uma pessoa está a ponto de se extraviar, a não ser que lhe mostrem como voltar aos eixos, você tem obrigação de ser decidido e adverti-la seriamente. É assim que a compaixão se exprime temporariamente na forma de coragem.

Há uma diferença entre irritar-se e repreender. Por certo, não está de acordo com a Verdade descarregar a raiva em alguém, mas você não pode sorrir o tempo todo, às vezes é necessário repreender os outros. No trabalho, pode ser que o chefe repreenda o subordinado não porque o detesta, mas porque é necessário para garantir que, no futuro, o trabalho seja feito adequadamente ou que a empresa seja mais bem administrada. Neste caso, o ato do chefe, a reprimenda, é uma expressão de compaixão.

Não devemos cultivar unicamente um caráter manso e gentil; é necessário compreender que a compaixão se baseia na força e na coragem. A salvação, no sentido mais verdadeiro, requer a coragem de dizer o que deve ser dito e a força de aconselhar os outros a corrigir aquilo que precisa ser corrigido. Não devemos ser insensíveis nas nossas relações com os outros, mas precisamos entender que, quando há necessidade de comentários e atitudes decisivos, é preciso separar o emocional.

Se você tiver dificuldade com uma pessoa e um comentário sincero bastar para corrigir a situação, pode ser que lhe falte resolução para falar com franqueza. O resultado é mais sofrimento para as duas partes. Esse tipo de relacionamento é inconveniente e infrutífero. Portanto, para que os dois cresçam no relacionamento, às vezes você precisa ter a coragem e a força de advertir o outro, de corrigir o que está errado.

É necessário compreender o que ser compassivo e ser corajoso têm em comum. Também é necessário entender que compaixão e coragem são duas expressões diferentes da mesma atitude, e não encará-las como coisas completamente estranhas entre si.

3. Liderança

Agora vamos examinar a questão da liderança. Liderança significa ter a capacidade de influenciar e orientar as pessoas, mostrando-lhes o caminho a seguir. Houve muitas expressões de liderança nas diversas épocas, porém nunca na história houve um período em que a liderança fosse tão prementemente necessária como o atual.

Liderança é a capacidade de orientar as pessoas para Deus. É a vontade divina que as guia, educa e nutre, e é através do trabalho dos líderes que a Sua vontade se manifesta na Terra. Por isso, os líderes na Terra devem sempre se empenhar muito em cultivar a sua natureza divina de modo a poder orientar o desenvolvimento das pessoas, em nome de Deus, e ajudá-las a serem mais fortes e mais resolutas, a abrir os olhos para a Verdade.

Qual é o segredo da liderança? Penso que o grande segredo está no carisma do líder – em outras palavras, numa qualidade de caráter que atrai as pessoas. A faculdade de liderar não é determinada pelo nascimento, pela capacidade intelectual ou pela aparência, e sim pelas qualidades espirituais. Aliás, o caráter faz o seu próprio trabalho numa extensão muito maior do que se imagina. Ao tentar entendê-lo, as pessoas não o julgam necessariamente depois de ter examinado bem o seu passado; sentem a energia do seu caráter e julgam que tipo de pessoa você é.

A liderança se fundamenta na capacidade do caráter de uma pessoa de influenciar as outras. Os líderes devem ser sensíveis à atmosfera que criam à sua volta, pois o dom de liderar os demais não deriva do *status* social nem do poder financeiro, mas de uma inteligência profunda e de um aprimoramento espiritual subjacente a toda a personalidade.

4. A capacidade de tomar decisões

Um importante requisito da liderança é a capacidade de tomar decisões. Um bom líder sempre sabe tomar decisões, neste aspecto não há exceções. Se você for incapaz de tomar decisões e de empreender a ação quando necessário, arrisca perder uma boa parte do tesouro da vida do qual poderia desfrutar. Se perder muito tempo avaliando cada possibilidade antes de tomar uma decisão, pode perder a chance da sua vida. Se você quiser ser líder, tem de saber tomar decisões rápidas, apoiando-se numa capacidade superior de antecipar as implicações futuras.

Tomar decisões rápidas não significa simplesmente escolher entre a esquerda e a direita; pressupõe a capacidade de conceber a melhor maneira de proceder em meio a circunstâncias sempre cambiantes e em plena marcha do tempo; e, se uma decisão resultar errada, de saber corrigi-la. Neste contexto, a capacidade de tomar boas decisões é sinônimo de cautela, muito embora muitos costumem confundir cautela com indecisão. A capacidade de um verdadeiro líder de tomar decisões requer critério para resolver problemas complicados a partir de uma perspectiva mais ampla. O verdadeiro líder também recorre a essa perspectiva mais ampla para lidar com os problemas do dia a dia. Isso se baseia numa observação cuidadosa das circunstâncias, e a adaptação constante das decisões já tomadas.

Aliás, quanto maior for o líder, tanto mais disposição ele tem para admitir que é possível cometer erros ao tomar uma decisão e para corrigi-los. Saber tomar decisões não significa nunca mudar o que já foi decidido, ser um líder capaz de tomar boas decisões não significa ser teimoso. Ainda que os bons líderes devam ter a coragem das suas convicções, também precisam estar dispostos a verificar se suas decisões estão realmente em conformidade com a vontade divina e se elas favorecem o bem-estar das outras pessoas ou se, pelo contrário, suas verdadeiras intenções são de realizar seus próprios desejos egoístas.

A base de toda decisão de um líder deve ser o amor que deseja nutrir as pessoas. Na qualidade de líder, pode ser que às vezes você se veja obrigado a tomar decisões pouco vantajosas para si mesmo; ocasionalmente, terá de reconhecer que cometeu um equívoco ou empreendeu a ação errada. Como os seres humanos são orgulhosos, é difícil para nós admitir os próprios erros e falhas. Contudo, todo mundo faz observações inadequadas que magoam os outros ou comete um deslize de vez em quando. Nessas ocasiões, não pense em proteger seu ego nem se apegue ao seu prestígio pessoal; tenha a coragem de alterar a sua decisão, visando ao bem-estar dos outros. Essa abertura gera a capacidade de tomar a decisão seguinte.

Eu creio que há dois requisitos fundamentais para viver uma vida de sucesso: em primeiro lugar, uma vontade de ferro que lhe permita superar qualquer dificuldade e, em segundo, uma flexibilidade que lhe possibilite adaptar suas atitudes para com as circunstâncias em rápida mudança. Aliás, muitos dos que tiveram sucesso contavam com esses dois atributos: flexibilidade para se ajustar a situações cambiantes e, ao mesmo tempo, firmeza para seguir trilhando o caminho em que acreditavam.

Se lhe faltar flexibilidade interior e lhe for difícil adaptar-se a meios diferentes, você não será muito bem-sucedido, embora possa ter sucesso em escala reduzida e a curto prazo. Se quiser sucesso a longo prazo, lembre-se desses dois requisitos fundamentais.

5. A importância da coragem

Nesta última seção, vamos considerar a importância da coragem por dois ângulos. Primeiramente, a coragem é indispensável para impedir que o mal acumule forças, pois ele se alimenta da fraqueza, da covardia e da indecisão humanas. É inegável que os seres humanos têm uma tendência a tirar vantagem das fraquezas alheias. Diante de alguém que sentimos que podemos dominar facilmente, nós todos nos sentimos mais ou menos tentados a falar ou exigir demais. Se essa pessoa der a impressão de ser fraca, tenderá a alimentar os impulsos destrutivos que há em todo mundo, de modo que não convém dar aos outros a chance de tirar vantagem de nós.

Viver modestamente é bom, mas não devemos ser covardes nem indecisos. Não devemos temer a crítica alheia nem procurar nos proteger, do contrário jamais conseguiremos realizar nada de significativo. Ninguém que tenha realizado algo grandioso ficou livre de crítica e de acusações. No entanto, você acha que os grandes vultos passaram noites em claro, preocupados com o seu prestígio? Dificilmente. É bem provável que, por vezes, tenham se sentido magoados, mas seguiram avançando no caminho escolhido e cumpriram a sua missão.

Eis uma coisa importante a ser lembrada: se você sempre estiver disposto a adaptar as suas atitudes às circunstâncias cambiantes e continuar avançando com passos decididos, pouco a pouco as pessoas deixarão de criticá-lo e acusá-lo. E, um dia, a crítica feroz cessará e se transformará em admiração. Ao examinar a psicologia humana, geralmente acabamos descobrindo que a crítica e a acusação não passam de admiração dissimulada.

Nós nada dizemos contra aquele cujo sucesso não tem impacto sobre nós. Por outro lado, quando o sucesso de uma pessoa parece ferir os nossos sentimentos ou faz com que nos sintamos inferiores ou prejudicados, tendemos a sentir vontade de achar defeitos nessa pessoa. Portanto, quando você estiver sendo ferozmente atacado e criticado, procure refletir profundamente sobre si mesmo. Depois, se concluir que não há de que acusá-lo, não tenha medo de seguir adiante no caminho no qual você acredita. E não esqueça que crítica é admiração dissimulada e que não falta quem o entenda e aceite.

O segundo motivo pelo qual a coragem é importante está no fato de ela ser indispensável à criação da utopia na Terra. Este é um mundo material, nele é dificílimo alcançar a autorrealização espiritual. Com muita frequência, as pessoas se apegam e se deixam desnortear pelas coisas deste mundo e se extraviam; portanto, sem coragem e força de vontade, nunca conseguiremos criar a utopia. Temos de ser fortes para continuar espalhando a Verdade sem vacilar perante a crítica.

A coragem é uma das ferramentas necessárias à construção da utopia na Terra. Funciona como um cinzel ou uma plaina, como um machado ou um serrote, na construção da grande estrutura. Lembre-se de encarar a coragem desse modo e sempre verifique se você está usando as ferramentas certas na construção do seu edifício espiritual.

Se acaso lhe parecer que as coisas não vão tão bem quanto você deseja, ou se topar constantemente com obstáculos ao procurar disseminar a doutrina da Verdade, veja se está usando bem a ferramenta da coragem ou se a esqueceu. A aspiração e a força de vontade são indispensáveis para abrir caminho rumo ao futuro. Sem força de vontade, é impossível levar uma vida construtiva e positiva.

7: Viver uma vida positiva

1. O espírito pioneiro

Neste capítulo, vejamos como viver positiva e corajosamente, superando as dificuldades. Primeiramente, eu gostaria de explicar a expressão "espírito pioneiro". Foi usada pela primeira vez há vários séculos, quando os primeiros colonizadores da América do Norte empreenderam a conquista do Oeste. Ainda hoje, o espírito pioneiro continua nos atraindo muito.

É importante identificar as fronteiras da sua própria vida. Ao praticar a autorreflexão, você precisa verificar o quanto avançou e em que direção deseja prosseguir. Os que reconhecem as próprias fronteiras têm condições de identificar os problemas e de se prontificar a resolvê-los, ao passo que quem carece de espírito pioneiro continua parado ou segue vivendo à mercê da monotonia, tomando tudo por certo. Somente com disposição para viver positivamente e aceitar os desafios é que se podem conquistar novos territórios e inaugurar novos projetos. Quem tem espírito pioneiro consegue ver que este momento é a fronteira a partir da qual se abre o futuro de toda a humanidade. Eu gostaria de perguntar a cada leitor deste livro: onde está a sua fronteira? Onde fica a base de operações a partir da qual você vai penetrar num mundo sem limites? Quais são os seus planos de avançar rumo às terras férteis da vida que o aguardam? Que problemas se erguem no seu caminho e como solucioná-los? É preciso saber claramente onde ficam as suas fronteiras, em que regiões você deseja entrar e o que obstrui o seu caminho.

Nada mais fácil para os seres humanos do que deixar de se esforçar e cair na mediocridade. Se você detectar essa tendência em si, convém mobilizar o espírito pioneiro. A existência mais miserável que se pode conceber para um ser humano seria repetir monótona e cotidianamente as mesmíssimas coisas, sem jamais tentar o novo devido à incapacidade de encontrar um significado positivo na vida. Vivendo assim, você não contribui em nada nem angaria admiração pela tediosa repetição dia após dia.

Para quem está perdido na mediocridade, o espírito pioneiro pode parecer uma coisa revolucionária, porém sem ele, nunca houve quem realizasse grandes coisas. Todas as pessoas responsáveis pelas grandes realizações – fossem políticos, fossem líderes religiosos, fossem cientistas – tinham espírito pioneiro. Nunca perderam de vista a região na qual queriam entrar, os riscos e obstáculos que precisavam prever e como superá-los. Sempre tenha consciência de onde está a sua "fronteira".

2. O pensamento vencedor – vencer em qualquer situação

Eu lhe pedi que considerasse os obstáculos capazes de obstruir o seu caminho. Agora, quero lhe apresentar uma perspectiva nova. Às vezes, pode ser que você se sinta atacado, magoado ou criticado pelos outros, mas é importante lembrar que isso não é questão de vida ou morte. É bom recordar o que acontece nos filmes: os atores e as atrizes parecem ter morrido numa luta, mas, assim que o filme chega ao fim, eles se põem a conversar amigavelmente. De modo semelhante, quem quer que pareça ser seu inimigo ou se interpor no seu caminho não é um inimigo de fato; essa pessoa está apenas representando temporariamente um papel a fim de lhe dar uma lição.

Pare um instante e pense em quanta gente, neste mundo, pretende mesmo lhe causar dano ou sérios problemas. Por vezes, as pessoas prejudicam as outras, mas geralmente o fazem involuntariamente. Isto se aplica até a quem perpetra crimes; todas elas têm razões em sua defesa. Ninguém quer se ver como um consumado vilão.

A verdade é que todo ser humano deseja ser amado. Quando esse desejo entra em conflito com o desejo de ser amado de outrem, pode surgir um sentimento muito próximo do ódio, ou então as duas pessoas ficam prisioneiras da competição. Entretanto, essa emoção negativa não dura muito. Só há uma verdade: todo mundo, sem exceção, quer ser feliz. Essencialmente, não existe inimigo para odiar nem muros obstruindo o seu caminho.

Nenhum muro bloqueou a trajetória do grande cientista Isaac Newton. Certa vez, Albert Einstein disse que Newton era um homem de sorte porque via a natureza como um livro aberto e não tinha a menor dificuldade para lê-lo. O comentário de Einstein indica que a verdade existe tal como é, pronta para ser descoberta, e que, na realidade, não existem obstáculos que nos impeçam de encontrá-la.

Neste mundo, não há empecilhos tangíveis bloqueando-lhe o caminho. Pode ser que você tenha uma imagem de si mesmo obstruído por alguém ou alguma coisa, é possível que você veja os outros ou o meio em que vive como fatores que lhe embargam deliberadamente o caminho. Mas essas coisas não são reais. Essencialmente, não há inimigos para odiar, nem existe nada no seu ambiente que tenha a intenção de contrariá-lo.

Talvez pensar no trabalho o ajude a entender. Quando você tenta e realiza uma coisa, pode ser que enfrente dificuldades, mas as soluções já estão presentes e a sua chance de chegar a uma crise real é escassa. Há milhões de empresas no mundo, e todo dia e toda noite desenrolam-se milhões de dramas em cada uma delas. Embora enfrentem dificuldades constantemente, não são muitas as que acabam falindo. Geralmente, encontram-se as soluções mediante o esforço das pessoas envolvidas, e um novo caminho se abre inesperadamente.

Uma atitude útil a ser adotada é que ninguém nunca fracassou neste mundo. Todo indivíduo nasce na Terra com o objetivo de aprimorar a alma por meio de diversas experiências, de modo que é impossível existir o fracasso. Entenda que você está representando um papel temporário neste mundo. É exatamente como o ator ou a atriz de um filme, e nada pode prejudicá-lo. Todos os fatos que ocorrem neste mundo lhe servem de lição e lhe oferecem alimento espiritual. Se conseguir enxergar a vida por essa perspectiva, você há de encontrar o seu verdadeiro eu, a sua parte que nunca se sente desanimada nem perdida.

Eu costumo chamar essa maneira de pensar de "pensamento vencedor". Com essa atitude, você pode vencer sempre. Sejam quais forem as circunstâncias, você pode ser um vencedor em todas as situações se aprender com cada faceta da vida. Eu lhe recomendo dominar esse modo de pensar.

3. Uma atitude positiva

Além do pensamento vencedor, quero explicar a importância de ter uma atitude positiva. Com muita frequência, as circunstâncias que o cercam refletem o seu estado do coração. Quem vive procurando más notícias ou tem um medo constante de fracassar acaba encontrando o ambiente correspondente às suas imagens interiores. É por isso que as crianças susceptíveis a se deixar judiar são judiadas aonde quer que vão.

Se você tiver uma autoimagem miserável, é quase certo que as pessoas tenderão a judiar de você. Em compensação, se os outros sempre o elogiarem, ao seu redor desenvolver-se-á uma aura que atrai o elogio, de modo que, mesmo que você se mude para outro lugar, continuará sendo elogiado. As pessoas sentem a aura que cerca você. Se quiser ser um dos vencedores da vida em todas as situações, você deve ter ar de sucesso. Enquanto for capaz de aprender com todas as situações e de procurar as sementes do sucesso em todos os fracassos, nunca será um perdedor.

O inventor e gênio Thomas Edison disse certa vez que, embora tenha tido milhares de fracassos em suas experiências, até finalmente inventar a lâmpada elétrica, todos eles foram lições e todos mostraram um método que não era bem-sucedido. Não se tratava de meras repetições do mesmo fracasso, e foi através deles que Edison conseguiu aprender a ter sucesso. Uma atitude de tal modo positiva dá muita força para ser bem-sucedido na vida.

Você acha bom ter uma vida medíocre? Acredita realmente que uma vida em que nada acontece é maravilhosa? Ficaria agradecido por uma vida assim? Pode ser que esteja enfrentando problemas que, no momento, parecem insolúveis, porém, quando a crise passar, eles se transformarão em alimento espiritual. Aliás, essas experiências são preciosas como o diamante. É importante extrair de cada situação o máximo possível de alimento espiritual, portanto, não cometa o erro de se ver como um fracassado na vida, encarando as experiências como reveses e falhas.

O PONTO DE PARTIDA DA FELICIDADE

Certas pessoas sempre têm pena de si e querem se ver como heróis trágicos. Não conseguem encontrar a verdadeira felicidade, porque seu senso de infelicidade é forte demais, e sempre buscam a simpatia dos outros. Quando cometem um pequeno erro no trabalho, encaram-no como um enorme problema. Quando ouvem uma pessoa do sexo oposto fazer um comentário negativo sobre elas, sentem-se rejeitadas e pensam que viver não vale a pena. E acabam se perdendo num labirinto sombrio. Muitas pessoas reagem dessa maneira.

Examine uma vez mais a imagem que você faz de si mesmo e procure verificar se não tem uma tendência à autocomiseração. A autocomiseração nunca traz a felicidade; pelo contrário, leva a um mundo de nostalgia e piedade.

Lembra-se de quando você adoecia e ficava com febre na infância? Se a resposta for sim, procure recordar o que sentia na época. Você não ficava mais satisfeito quando a febre aumentava? Com febre alta, talvez fosse mais fácil explicar aos colegas por que faltou à escola. No fundo, pode ser que você tenha se sentido como um herói trágico e talvez tenha pensado que, se passasse três dias de cama, com febre altíssima, conquistaria a admiração de todos os amigos.

Essa tendência mental costuma aflorar em muitas situações. Nos momentos críticos, as pessoas que a têm chegam a ficar doentes ou tentam, inconscientemente, achar desculpas para fracassar. Por exemplo, ficam resfriadas pouco antes de uma prova importante ou adoecem na véspera de uma competição esportiva. No dia do grande encontro, aparecem pálidas por ter passado a noite em claro. São muitos os que insistem em repetir tais comportamentos. No fundo, eles se consideram um fracasso e costumam preparar antecipadamente motivos para falhar. Imaginam que sentem certo grau de felicidade quando consolados pelos outros, não quando elogiados. Aqueles que sempre têm desculpas prontas e sempre esperam fracassar nunca alcançam a verdadeira felicidade.

Se você tiver tendência à autocomiseração e a atrair simpatia por ser infeliz, tenha a coragem de mudar. Ninguém precisa da piedade alheia. O que precisamos é criar uma autoimagem de pessoa sempre feliz, construtiva e ativa.

Nos dias frios do inverno, as ameixeiras ficam cobertas de neve. Embora os botões estejam ocultos, quando a neve cai dos ramos, as flores se abrem graciosamente. Tal como elas, você deve ser corajoso mesmo quando estiver sob a nevasca da vida. Revele sua verdadeira forma, a bela flor, sacudindo a neve. Pare de se queixar do frio, dizendo que vai morrer congelado porque está nevando nas suas flores. Em vez disso, trate de sacudir os galhos para expor os bonitos botões. Somente com uma atitude positiva é que você consegue criar a verdadeira felicidade.

4. O efeito bola de neve

Já que estamos falando em neve, eu gostaria de lhe apresentar a minha maneira de ver o efeito bola de neve. Muita coisa acontece diariamente, e esses fatos podem ser as sementes da boa sorte e da felicidade ou as sementes de problemas e ansiedade. No entanto, se você procurar tirar lições e encontrar as sementes do sucesso em cada situação, aconteça o que acontecer, crescerá do mesmo modo que uma bola de neve que se expande automaticamente quando está rolando montanha abaixo.

Nem mesmo o pedregulho e a terra que se misturam com a bola de neve conseguem impedi-la de continuar crescendo. À medida que rola, ela aumenta de volume colhendo mais neve. É muito interessante comparar a vida com uma bola de neve, pois isso vai inspirá-lo a desenvolver uma grande estatura. Lembre-se de que, se continuar rolando, sem se preocupar com o pedregulho e a terra, você crescerá.

Se lhe mostrarem os seus traços negativos, não adianta chorar. Também não é o caso de aceitar ou rejeitar a censura. Convém permanecer imperturbável e examinar o motivo da crítica. Então, se você achar que o mal-entendido se deve à outra pessoa, não precisa aceitá-lo. Talvez seja necessário esclarecer e explicar o mal-entendido. Todavia, se achar que a outra pessoa tem razão no que diz, embora seja difícil aceitá-lo, olhe uma vez mais para si mesmo e acredite que está recebendo uma lição valiosa.

Alguns ficam aborrecidos com a sua sensibilidade para os seres espirituais ou se sentem incomodados com a influência dos maus espíritos dos reinos inferiores. Se for esse o seu caso, eu recomendo que mude de atitude e seja mais positivo. Mesmo porque até um mau espírito pode ser usado como professor particular. Uma assombração ensina que você ainda não está iluminado. Ser influenciado por maus espíritos significa que você não é feliz nem sereno; está preocupado e frustrado. O espírito vem assombrá-lo, como um professor particular, para que você veja os seus problemas. Basta remover as preocupações do coração e viver positivamente para que o mau espírito se afaste.

É muito importante encarar como um mestre toda situação que enfrentamos e toda pessoa que encontramos nesta vida. Também há quem que lhe mostre como não se comportar. Quando você encontra uma pessoa maravilhosa, convém respeitá-la e procurar aprender com os seus aspectos bons. Por outro lado, ao conhecer alguém que você não gostaria de imitar, tente observar os aspectos negativos do seu caráter e verifique se você não tem as mesmas características. Se as encontrar em si, trate de corrigi-las.

Se você adotar essa atitude, todas as pessoas que aparecerem na sua vida serão professores para você. Todas as relações serão um estudo para o seu bem. É claro que desejamos encontrar só pessoas boas, não pessoas detestáveis. Contudo, se for impossível evitar as pessoas detestáveis, é uma boa ideia estudar seus problemas, averiguar o que faz com que elas pareçam nocivas e procurar agir do modo oposto. Isso é importante para uma vida bem-sucedida.

Se você conhecer alguém que falhou na administração de um negócio, procure descobrir por que ele fracassou para poder tomar precauções. Se encontrar uma pessoa que errou num ambiente parecido com o seu, aprenda a evitar a mesma situação. Se vir alguém numa situação diferente e que é bem-sucedido, saiba que é possível aprender muito com ele. A vida continuará lhe oferecendo cada vez mais oportunidades de conhecer todo tipo de gente. Com esta atitude de interesse e descoberta, a vitória é inevitável: você vai avançar continuamente em direção à luz.

5. Tempo de alçar voo rumo à infinitude

Nesta última seção, quero lembrar que há ocasiões de levantar voo para a infinitude. Às vezes é preciso refletir sobre si e verificar se você não está impondo limites à sua própria capacidade, pois é facílimo cair no padrão de pensamento negativo. Muita gente tende a pensar: "Nunca ninguém do sexo oposto me amou, por isso não vou mudar no futuro." Ou então: "Eu jamais tive sucesso no estudo nem no trabalho, por isso não posso ter sucesso na vida." Ou ainda: "Nunca me valorizaram, nunca vão me valorizar."

Eu gostaria de saber por que essas pessoas têm uma autoimagem tão negativa. Por que tanto apego a uma autoimagem negativa? Por que dar mais atenção à sua autoimagem negativa do que ao seu verdadeiro eu? Isso é realmente importante? Você está levando a vida que realmente desejaria viver? Você está aprisionando a si mesmo intencionalmente pondo-se limites?

Na vida, há momentos de alçar voo rumo ao infinito. Acima de tudo, é importante assumir pleno controle dos seus pensamentos. Se você voltar os pensamentos para a luz e passar a viver positivamente, conseguirá resolver todos os problemas. Tampouco subestime a importância da colaboração com os demais.

Na China, costumam dizer que a sorte está sorrindo quando a gente encontra uma pessoa "preciosa" que dá sorte. Isso acontece com qualquer um. É provável que você já tenha encontrado pessoas "preciosas" na vida, que lhe ofereceram muitas oportunidades. Se milhares de pessoas cooperarem, nós todos podemos realizar muitas coisas grandiosas. Decerto a luz do céu ajuda aqueles que se esforçam para abrir o seu próprio caminho. A pessoa preciosa para você pode ser tanto uma que vive nesta Terra quanto um espírito guardião ou guia. Pouco importa que viva na Terra ou no outro mundo, ela quer ajudar quem assume a responsabilidade pela sua vida e vive cada dia ativamente e com entusiasmo.

Um diretor de empresa tende a ter um ponto de vista parecido. Se vir um dos empregados trabalhando arduamente todo dia, há de querer promovê-lo e dar-lhe uma função de mais responsabilidade. Se, pelo contrário, perceber que a pessoa quer ser promovida sem fazer o menor esforço, ele terá uma impressão negativa e hesitará em promovê-la. Do mesmo modo, se você levar uma vida extremamente positiva, atrairá muita gente disposta a ajudá-lo. Então terá condições de realizar muito mais do que realizaria sozinho.

Saiba que não há limite para a altura que o seu voo pode alcançar nesta vida. Se quiser voar, faça um grande esforço: a ajuda dos outros não tarda a chegar, mas, antes de tudo, tenha uma atitude positiva perante a vida. Sem dúvida alguma, esse é o segredo para que você seja um vencedor na vida.

8: A vontade do grande Universo

1. A galáxia e os seres humanos

Por último, vamos discutir o que se pode chamar de "a vontade do grande Universo" e a conexão entre o Universo e nós, os seres humanos que vivemos na Terra.

Você nunca olhou para o firmamento, à noite, e se pôs a pensar nas estrelas que nele cintilam? Talvez, na infância ou na juventude, tenha olhado pela janela e imaginado milhares de coisas maravilhosas. Lá no espaço fica a Via Láctea. É possível que você tenha experimentado uma sensação de mistério ao olhar para ela. Provavelmente, muitos dos leitores deste livro já contemplaram o céu estrelado e sentiram a natureza incompreensível do Universo. Eu mesmo passei muito tempo interessado pelo firmamento e pela sensação de mistério que ele incorpora.

No entanto, não devemos nos deixar absorver pela fantasia, e sim olhar para a realidade e encará-la com outros olhos. Ao olhar para a realidade, eu gostaria de pensar no tempo e no espaço. Não sou físico e não posso discutir o tema como um cientista, porém, mesmo assim, tenho a noção do incompreensível no tempo e no espaço.

Imaginemos que o habitante de um planeta dispõe de um telescópio poderoso e altamente avançado. Como ele veria o nosso mundo? Se a distância entre o seu planeta e a Terra for de dez anos-luz, significaria que ele estaria nos vendo dez anos atrás. Outros seres que vivem em planetas ainda mais longínquos veriam os terráqueos há centenas de anos, há dois séculos e mesmo há milênios.

Por outro lado, quando examinamos as estrelas com um telescópio, é possível que algumas delas já não existam, embora pareçam emitir uma luz fortíssima. A luz que emitiram no passado, talvez há centenas, milhares ou dezenas de milhares de anos, pode ter percorrido toda a distância que nos separa e só agora estar chegando aos nossos olhos. É possível que essas estrelas já estejam extintas.

Considerando tais coisas, é forçoso pensar na vastidão do Universo e no quanto nós, que nele vivemos, somos pequeninos. Por misterioso que seja esse sentimento, é inegável o fato de que nós somos seres minúsculos existindo individualmente na incalculável extensão do Universo. Também é verdade que existe um pequeno universo no interior do nosso corpo físico. Pode-se dizer que o coração corresponde à galáxia ao qual pertence o planeta Terra e que as outras partes do corpo equivalem a outros grupos de estrelas e planetas. Da perspectiva de um microorganismo ou de uma célula, o nosso corpo físico seria um universo enorme.

Entre essas duas perspectivas, o vastíssimo e o ínfimo, nós somos incapazes de nos enxergar objetivamente. Não temos como saber se somos enormes ou minúsculos. É impossível medir a existência humana com uma escala absoluta. De uma perspectiva maior, a Terra pode ser tão pequena quanto uma célula no Universo, e os seres humanos hão de ser menores ainda, como os micro-organismos que vivem na célula. Espero que você compreenda que a nossa vida é extremamente transitória e incompleta quando medida em termos comparativos.

2. A verdade sobre o mundo tridimensional na Terra

Nós vivemos na nossa galáxia, mas não basta conceber a nossa existência de seres humanos neste mundo somente em relação à Terra e ao grande Universo. Aliás, pela perspectiva do mundo espiritual, que vai além da quarta dimensão, o nosso Universo tridimensional não passa de um aquário.

Visto do Mundo Real, que abarca a totalidade do Universo, o nosso espaço tridimensional é como um aquário numa sala – os seixos no fundo equivalem a um grupo de estrelas e planetas, e uma pequena célula de rocha representaria o Sol ou a Terra. Vistos numa escala ligeiramente ampliada, os seres humanos seriam, quando muito, os peixinhos nadando na água. Eu gostaria de lhe dizer que, embora nós pensemos que o Universo seja tão amplo, da perspectiva do mundo multidimensional, que é formado por quatro dimensões e mais, ele não passa de um mundo insignificante e muito restrito.

Também convém ter consciência de que, do ponto de vista dos habitantes do Mundo Real, os seres humanos que habitam este mundo de três dimensões são muito diferentes. É por isso que eles têm uma noção de tempo totalmente diversa. Por exemplo, imaginemos que um espírito superior se aproxime do nosso mundo terreno com a intenção de nos orientar. Quando os espíritos superiores nos observam, percebem muito claramente não só a nossa existência presente, mas também o passado e o futuro, se não completamente, pelo menos em certa medida. Assim, quando eles olham para nós que vivemos neste mundo terreno, conseguem ver o nosso passado e o nosso futuro sobrepostos à nossa existência presente. É importante entender que o nosso mundo parece muito misterioso e incerto da perspectiva do outro mundo.

Se vivermos completamente absortos neste mundo material, tendemos a tomar por líquidas e certas as leis e as normas que o governam e a julgá-las absolutamente fixas. Todavia, as leis que governam cada coisa isolada que existe neste mundo não são necessariamente a verdade absoluta. Por exemplo, as coisas cuja existência nós confirmamos com toda certeza – como uma mesa, uma cadeira, um prédio, o chão ou uma montanha – podem ser muito diferentes quando vistas pela perspectiva das dimensões superiores. Sobrepostos à sua existência presente, pode ser que se revelem estados futuros, por exemplo, quando elas forem destruídas e desaparecerem, ou estados passados, como antes de sua existência.

Quando um espírito que pertence a dimensões superiores examina a mesa à sua frente, talvez a veja sendo destruída no futuro ou construída pelo marceneiro ou mesmo a árvore, numa colina, de cuja madeira se fará a mesa. Aliás, há espíritos especializados em determinar o estado original dos materiais que constituem as coisas deste mundo.

Saiba que o passado, o presente e o futuro podem existir no mesmo espaço e, do mesmo modo, pode existir uma perspectiva de tal modo extraordinária. De fato, nós existimos num mundo incerto, incerto em termos tanto de tamanho quanto de transcurso do tempo. Tome consciência deste mundo incerto, nós apenas nadamos ou flutuamos no fluxo do tempo.

3. Livre-se da vaidade

Sendo tão incertos o tempo e o espaço que habitamos, que ideias são importantes e merecem ser recordadas? O que precisamos ter em mente, nós que vivemos num planeta minúsculo como uma semente de papoula em comparação com o conjunto do Universo, o qual, por sua vez, está totalmente contido no interior de um vasto mundo multidimensional?

Eu sintetizaria numa frase a ideia mais importante para nós: "livre-se da vaidade". Por vaidade eu entendo os valores triviais ligados ao nosso estilo terreno de vida. Se nos desfizermos da vaidade originada nos valores e no modo de pensar válidos somente neste mundo tridimensional, começaremos a ver o nosso verdadeiro ser. Ora, examinemos a nossa vida e consideremos o que significa ser vaidoso.

A maior vaidade de todas deve ser a nossa noção de valores ou, tipicamente, o nosso senso de importância própria. Há diversos meios de medir essa importância, como o *status* social, o desempenho acadêmico e o nível de renda. Convém saber que há dois conjuntos distintos de padrões com que medir os valores – os valores ligados à Verdade e os valores ligados à utilidade neste mundo terreno. Aquilo que abrange os dois conjuntos de valores também é valorizado no outro mundo. Por outro lado, aquilo que vale somente em termos de utilidade prática neste mundo geralmente é considerado vão na perspectiva do outro.

Alguns dos que alcançaram um elevado *status* social também são respeitados à luz dos valores do outro mundo. É verdade que certos líderes deste mundo continuarão liderando quando retornarem ao outro mundo. Assim, o fato de alguém ser diretor de empresa ou alto funcionário do Estado não significa necessariamente que ele está vivendo uma vida vã ou vaidosa.

No entanto, também é verdade que outros que gozam de elevado *status* social não se preocupam senão com os desejos egoístas de poder e reconhecimento mundanos. O *status* social desse tipo de gente é o único valor que lhes importa; eles não incluem os valores da Verdade ou os valores do outro mundo.

Quando examinamos as coisas deste mundo, é importante averiguar quais delas possuem valores apreciados unicamente aqui ou quais abrangem os valores da Verdade também apreciados no outro mundo. O dinheiro deve ser examinado do mesmo modo. Se estivermos interessados exclusivamente na quantidade de dinheiro, isso simplesmente se traduz em utilidade prática neste mundo. Entretanto, quando se gasta dinheiro para realizar um ideal elevado, criam-se valores de Verdade.

Desse modo, podemos projetar uma nova luz na nossa noção de valores. Para tanto, precisamos nos livrar de toda e qualquer tendência que nos influencia o modo de pensar. Tradicionalmente, o budismo dá a essa prática o nome de "autorreflexão" – refletir sobre si mesmo e esforçar-se para eliminar a vaidade. Caso você se ache particularmente apegado a alguma coisa, convém examinar se esse apego é mera vaidade ou se nele há algum valor. É preciso comparar as implicações positivas com as negativas e examinar se a sua tentativa de se beneficiar é capaz de prejudicar os outros. Os objetos sobre os quais você pode refletir são infinitos.

A autorreflexão é uma prática indispensável para que cada um e todos nós nos livremos da vaidade. Se não a praticarmos enquanto vivemos neste mundo, seremos obrigados a enfrentar toda a vaidade no nosso ser. Assim, eu lhe sugiro que considere cada dia como a menor unidade separada da sua vida e que, no fim de cada um deles, verifique humildemente se você foi presunçoso ou esteve preocupado com a vaidade.

4. Começando sem nada, de mãos vazias

Quando penso na vaidade, é muito frequente ocorrer-me uma ideia. Parece que os seres humanos tendem a ser ingratos e a dar muitas coisas por líquidas e certas. Quando pensamos no futuro, tratamos as experiências passadas, as coisas e o dinheiro que já obtivemos, como condições prévias disso.

Quem recebe 30 mil dólares por ano geralmente está preocupado em saber como ganhar mais, porém nunca pensa numa situação em que não tivesse nenhuma renda. Outros, que possuem negócios próprios, tendem a considerar a situação atual como garantida. Podem pensar no que fazer daqui por diante, mas geralmente dão por líquido e certo o fato fundamental de o negócio simplesmente existir.

Quando entro em contato com pessoas às voltas com aflições e dificuldades, constato que seus problemas provêm dessa atitude de tomar a situação presente por certa, sem avaliá-la. Você pode encontrar uma mulher que se queixa do marido ou um homem que reclama da esposa, mas geralmente tanto um quanto o outro considera óbvias as circunstâncias presentes – por exemplo, sua situação financeira, a casa em que mora ou os filhos que tem. E se põe a criticar a negligência do parceiro ou da parceira.

Acaso essa pessoa fez o exercício mental de olhar uma vez com uma nova perspectiva para a situação atual, imaginando-se sem o que possui agora, imaginando o que teria sido dela se não tivesse encontrado o parceiro ou parceira, se não tivesse casa, se seus filhos não tivessem nascido? Talvez não tenham tido nenhum problema para se casar porque seus pais eram sadios. Que aconteceria se eles tivessem perdido os pais pouco depois de nascer? Se fizerem esses exercícios mentais, eles tomarão consciência de que as circunstâncias que lhes parecem uma fonte de sofrimento não podem ser consideradas óbvias, naturais, garantidas.

Assim, da perspectiva de uma terceira pessoa, aos olhos de Deus ou de um habitante do reino espiritual superior, o nosso sofrimento muitas vezes é injustificado. O nosso estado se compara ao de uma pessoa que, mesmo estando de mãos cheias, continua tentando desesperadamente carregar mais bagagem. Embora esteja com a mão direita e a esquerda ocupadas com malas e ainda leve uma pesada carga nas costas, ao se aproximar de um tesouro, ela tenta desesperadamente pegá-lo e levá-lo para casa. É assim que nós geralmente somos para quem nos vê pela perspectiva espiritual.

Quando enfrentamos o sofrimento, é muito importante livrarmo-nos da vaidade e retornarmos ao ponto de partida, no qual começamos sem nada. Procure eliminar, mentalmente, tudo quanto você dá por líquido e certo. Procure imaginar-se começando do nada, de mãos vazias. Fique de mãos vazias. Depois de jogar fora a bagagem que estava carregando, o que resta? A sua formação acadêmica é uma dessas cargas. Se você for diplomado por uma universidade de prestígio, isso passa a ser um pré-requisito do seu progresso na vida. Todavia, se lhe tirarem o rótulo "diplomado por uma universidade de prestígio", como você seria aceito na sociedade? Dificilmente ficaria satisfeito.

É importante ter confiança em si mesmo, porém, ao mesmo tempo, convém examinar se os fatores nos quais cada um de nós baseia a sua confiança podem ser considerados garantidos e pensar no que aconteceria se essas precondições fossem eliminadas. Eu mesmo passei por isso. Em 1986, quando me demiti de uma grande empresa comercial para fundar sozinho a Happy Science, fiquei "de mãos vazias". Na época, percebi claramente de quantos benefícios eu gozava por trabalhar numa grande corporação. Quando cogitava no que me restava depois de me desfazer de todos aqueles benefícios – a formação e as realizações acadêmicas, a experiência de trabalho, o apoio dos colegas e supervisores, a renda anual e a reputação da minha empresa, etc. –, eu não podia deixar de pensar que tinha de jogar fora toda vaidade e ficar sozinho, de mãos vazias.

O único apoio com que contava era o da minha própria alma. Só podia depender de mim mesmo, dos meus próprios pensamentos, dos meus atos e nada mais. Iniciei a Happy Science sem nada; agora ela está crescendo e se transformando numa organização mundial. Em meio a esse desenvolvimento, às vezes eu recordo a ideia de "ficar de mãos vazias". Embora tenha começado com pouco dinheiro e sem ninguém para me ajudar, esta organização se desenvolveu e atingiu a escala atual. Só se estivermos dispostos a voltar ao ponto de partida e a tornar a ficar de mãos vazias, sejam quais forem as dificuldades que enfrentemos, é que nós nunca sofreremos. Muitas vezes eu me estimulo com tais pensamentos.

5. A vontade do grande Universo

Eu examinei o ser humano tanto pela macroperspectiva quanto pela microperspectiva, e agora eu quero lhe revelar uma verdade importante. Da perspectiva do grande Universo, pode ser que pareçamos bactérias minúsculas vivendo num planeta diminuto que não passa de uma célula no Universo; entretanto, mesmo assim, a "vontade do grande Universo" flui em cada um e em todos nós. É muito importante compreender isso.

A avaliação quantitativa, seja grande, seja pequena, nada tem a ver com o julgamento da importância de uma coisa. O fundamental é saber o que está na base ou qual é o núcleo do conceito. Enquanto as suas convicções nucleares estiverem corretas, você certamente será capaz de trilhar o caminho do sucesso.

Nós somos seres ínfimos em comparação com o grandioso Universo do vastíssimo mundo espiritual. Contudo, enquanto o núcleo do nosso caráter, que governa os nossos pensamentos e atos, for fiel à verdade, os nossos pensamentos e atos hão de estar ligados à vontade do grande Universo e de contribuir com ela.

Podemos ser seres tanto vastos quanto minúsculos. Mas, deixando tais perspectivas de lado, sempre precisamos refletir sobre nós mesmos e verificar se o núcleo central do nosso ser está manifestando a luz, a chama da Verdade. Enquanto o núcleo que existe dentro de nós estiver ligado à vontade do grande Universo, encontrando a sua origem nessa grande vontade e manifestando-a, nada há a temer.

Se você continuar a viver corajosa e firmemente neste mundo terreno, mas com disposição para retroceder até o ponto de partida e para ficar de mãos vazias sempre que necessário, então um grande caminho se abrirá à sua frente e o conduzirá ao sucesso. A questão é se o núcleo central dentro de você está sintonizado com a vontade do grande Universo que manifesta continuamente os poderes da criação, da nutrição, do desenvolvimento e da prosperidade da nossa vida.

Empenhe-se constantemente em harmonizar a sua vontade com a vontade do grande Universo: desse modo, você seguirá trilhando o caminho da felicidade.

TEMPLOS E SUCURSAIS DA HAPPY SCIENCE NO BRASIL

SÃO PAULO

TEMPLO MATRIZ DE SÃO PAULO
Av. Domingos de Morais, 1154
Vila Mariana, 04009-002
São Paulo – SP
Fone (11) 5088-3800 Fax (11) 5088-3806
sp@happy-science.org

SÃO PAULO (REGIÃO SUL)
Av. Domingos de Morais, 1154 – 2º andar
Vila Mariana, 04009-002 São Paulo – SP
Fone (11) 5574-0054 Fax (11) 5574-8164
Fone (11) 5088-3800 Fax (11) 5088-3806
sp_sul@happy-science.org

SÃO PAULO (REGIÃO OESTE)
Rua Luiz Pereira de Almeida, 50
Pinheiros, 01431-020 - São Paulo – SP
Fone/Fax (11) 3061-5400
sp_oeste@happy-science.org

SÃO PAULO (REGIÃO NORTE)
Rua Manuel Taveira, 72
Parada Inglesa, 02245-050
São Paulo – SP
Fone (11) 2939-7443
sp_norte@happy-science.org

SÃO PAULO (REGIÃO LESTE)
Rua Fernão Tavares, 124
Tatuapé, 03306-030 - São Paulo – SP
Fone (11) 2295-8500 Fax (11) 2295-8505
sp_leste@happy-science.org

JUNDIAÍ
Rua Congo, 447
Jardim Bonfiglioli, 13207-340 - Jundiaí – SP
Fone (11) 4587-5952
jundiai@happy-science.org

SANTOS
Rua Itororó, 29
Centro, 11010-070 - Santos – SP
Fone (13) 3878-8040
santos@happy-science.org

SOROCABA
Rua Dr. Álvaro Soares, 195
Centro, 18010-190 - Sorocaba – SP
Fone/Fax (15) 3232-1510
sorocaba@happy-science.org

CAPÃO BONITO
Rua Campos Sales, 299 - Centro, 18300-090
Capão Bonito – SP

TEMPLOS E SUCURSAIS DA HAPPY SCIENCE PELO MUNDO

Departamento Internacional no Japão
6F 1-6-7 Togoshi, Shinagawa, Tokyo,
142-0041, Japan
Fone: 8103-6384-5770
Fax: 8103-6384-5776
tokyo@happy-science.org
www.kofuku-no-kagaku.or.jp/en

ESTADOS UNIDOS

Templo Local de Nova York
79 Franklin Street,
New York NY 10013 USA
Fone: 1-212-343-7972 Fax: 1-212-343-7973
ny@happy-science.org
www.happyscience-ny.org/

Sucursal de Nova Jersey
725 River Road, Suite 58,
Edgewater NJ 07020 USA
Fone: 1-201-313-0127 Fax: 1-201-313-0120
nj@happy-science.org
www.happyscience-nj.org/

Sucursal na Flórida
12210 N 56th St.,
Temple Terrace FL 33617 USA
Fone: 1-813-914-7771 Fax: 1-813-914-7710
florida@happy-science.org
www.happyscience-fl.org

Sucursal de Chicago
966 Estes Ct, Schaumburg IL 60193 USA
chicago@happy-science.org

Sucursal de Los Angeles
1590 E. Del Mar Blvd. Pasadena
CA 91106 USA
Fone: 1-626-395-7775 Fax: 1-626-395-7776
la@happy-science.org
www.happyscience-la.org

Unidade de South Bay
2340 Sepulveda Blvd. #E Torrance CA
90501 USA
Fone: 1-310-539-7771 Fax: 1-310-539-7772
la@happy-science.org

Sucursal de São Francisco
525 Clinton St., Redwood
City CA 94062 USA Fax: 650-363-2777
sf@happy-science.org
www.happyscience-sf.org

Unidade no Havaí
1221 Kapiolani Blvd, Suite 920,
Honolulu HI 96814 USA
Fone: 808-591-9772 Fax: 808-591-9776
hi@happy-science.org
www.happyscience-hi.org

Unidade de Kauai
4504 Kukui St., Dragon Building, Suite 21
KAPAA HI 96746 USA
Fone: 1-808-822-7007 Fax: 1-808-822-6007
kauai-hi@happy-science.org
www.happyscience-kauai.org

Templo Matriz do Havaí
1221 Kapiolani Blvd, Suite 920
Honolulu HI 96814 USA
Fone: 1-808-537-2077
hawaii-shoja@happy-science.org

CANADÁ

Unidade de Toronto
323 College St.
Toronto ON M5T 1S2 Canada
Fone: 1-416-901-3747
toronto@happy-science.org
www.happy-science.ca

Unidade de Vancouver
212-2609 East 49th Avenue
Vancouver BC V5S 1J9 Canada
vancouver@happy-science.org

AMÉRICA CENTRAL E DO SUL

Unidade no México
San Marcos, 11, Edificio Córcega depto.
301, Unidad Habitacional Pedregal
2, Delegación Magdalena Contreras DF
10720 Mexico - Fone: 52-55-5568-5621
mexico@happy-science.org

Unidade no Peru
Jr. Tacna # 629 depto. 301
Distrito de Magdalena del Mar,
Lima – Peru
peru@happy-science.org

EUROPA

Sucursal de Londres
3 Margaret Street, London
W1W 8RE United Kingdom
Fone: 44-20-7323-9355
eu@happy-science.org
www.happyscience-eu.org/

Sucursal da Alemanha
Klosterstr. 112, 40211 Düsseldorf Germany
Fone: 49-211-93652470
Fax: 49-211-93652471
germany@happy-science.org

Sucursal da Áustria
Zentagasse 40-42/1/1b, 1050
Wien Austria/EU
austria-vienna@happy-science.org

Unidade de Viena
Arbeitergasse 19/37 1050 Wein Austria/EU
austria-vienna@happy-science.org

Sucursal da França
RDC sur cour 73 rue Claude Bernard
75005 Paris
Fone: 33-1-43-36-43-25
Fax: 33-1-43-36-43-22
accueil@happyscience-fr.org
http://happyscience-fr.org/

Sucursal da Bulgária
24 San Stefano str., 1 fl., 2 apt,
Sofia 1504 Bulgaria
Fone/Fax: 359-02-843-8380
sofia@happy-science.org
http://www.happyscience-bg.com/

ÁFRICA

Sucursal de Uganda
Plot 17 Old Kampala Road, Kampala,
Uganda - P.O.BOX 34130 Kampala
uganda@happy-science.org
www.happyscience-uganda.org

Sucursal da Nigéria
5, Unity Clos, Off Ondo Street, Oke-Ira,
Ogba, Ikeja Lagos Nigeria
nigeria@happy-science.org

ÁSIA

Sucursal de Seul-Coreia
162-17 Sadang3-dong,
Dongjak-gu, Seoul Korea
Fone: 82-2-3478-8777 Fax: 82-2-3478-9777
korea@happy-science.org
www.happyscience.co.kr

Unidade de Daegu-Coreia
4th F, 77-6, Duryu Dong, Dalseo Gu, Daegu
704-908 Korea - Fone: 82-53-651-3688
Koreadaegu@happy-science.org

Sucursal de Taipei-Taiwan
No.89, Lane 155, Dunhua N. Rd.,
Songshan District,
Taipei City 105 Taiwan
Fone: 886-2-2719-5570
taiwan@happy-science.org
www.happyscience-taiwan.org

Unidade de Kaohsiung-Taiwan
No.12-1, Mingren Rd., Sanmin Dist.,
Kaohsiung City 807 Taiwan

Unidade de Hong Kong-China
Unit A, 3/F-A Redana Centre, 25
Yiu Wa Street,
Causeway Bay, Hong Kong China
Fone: 85-2-2891-1963
hongkong@happy-science.org
www.happyscience-hk.org/

Sucursal de Singapura
190 Middle Road #16-05 Fortune Centre
Singapore
Fone: 18897965-6837-0772
singapore@happy-science.org

Sucursal na Malásia
Fone: 60-3-6141-7323
malaysia@happy-science.org
bs_humanhappiness@yahoo.com

Sucursal na Tailândia
Between Soi 26-28, 710/4
Sukhumvit Rd.
Klongton, Klongtoey, Bangkok 10110
bangkok@happy-science.org

Sucursal nas Filipinas
[Ortigas Local Office] Gold Loop
Tower A 701,
Escriva Drive Ortigas Center
Pasig City 1605,
Metro Manila, Philippines
philippines@happy-science.org

Unidade de Nova Delhi – Índia
newdelhi@happy-science.org
www.happyscience-india.org

Unidade de Aurangabad – Índia
Udyog Shree, 2nd floor,
Sut girani Main Road,
Garkheda, Aurangabad India 431-005
aurangabad@happy-science.org
www.happyscience-india.org

Sucursal no Nepal
Kathmandu Metropolitan City, Ward No-9,
Battisputali, Gaushala, Surya Bikram Gynwali Marga, House No.1941 Kathmandu,
Nepal
nepal@happy-science.org

Unidade em Sri Lanka
No. 53, Ananda Kumaraswamy Mawatha,
Colombo 7 Sri Lanka
srilanka@happy-science.org

OCEANIA

Sucursal Central de Sidney
Suite 17, 71-77 Penshurst Street,
Willoughby, NSW 2068 Australia
Fone: 61-2-9967-0866
sydney@happy-science.org
www.happyscience.org.au

Sucursal Leste de Sidney
Suite 3, 354 Oxford Street,
Bondi Junction, NSW 2022 Australia
Fone: 61-2-9387-4778
bondi@happy-science.org
www.happyscience.org.au

Sucursal de Melbourne
11 Nicholson St. Bentleigh
Victoria 3204 Australia
Fone: 61-3-9557-8477
Fax: 61-3-9557-8334
melbourne@happy-science.org
www.happyscience-mel.org

Sucursal da Nova Zelândia
409A Manukau Road Epsom 1023 Auckland New Zealand
newzealand@happy-science.org